# Christoph Pfister

# Die Entstehung der Jahrzahl 1291

## Beiträge zur Schweizer Historiographie:
## Stumpf – Schweizer – Daguet et al.

Historisch-philologische Werke 7

Cover-Bild:

**Herzog Leopold von Österreich**

Kolorierte Illustration aus der kleinen Chronik von Johannes Stumpf, p. 181 v (Kantons- und Universitätsbibliothek Freiburg i.Ü., Katalog-Nummer: Soc.lect. D 76).

Die gleiche Abbildung findet sich auch in der *Cosmographia* von Sebastian Münster; ND Lindau 1984 I, 332.

Das Bild hat große Ähnlichkeit mit einem aquarellierten Kreide-Porträt des gleichen Herzogs in der Öffentlichen Kunstsammlung Basel, Kupferstichkabinett. - Abbildung in: *Aegidius Tschudi und seine Zeit*; Basel 2002, 366, Tafel XIV

Das Bild stellt Leopold, den Verlierer von Morgarten oder Sempach dar.

Das Porträt fällt duch die vergeistigten Züge des Herzogs auf.

Immerhin ist die Löwenmähne (Leo) bemerkenswert.- Damit wird auf die ältesten eidgenössischen Chroniken angespielt. Diese erwähnen mit der Jahrzahl 1278, dass in Sempach eine adelige Frau einen Löwen geboren habe.

Titelbild:

**Blumenkorb**

Illustration am Schluß der *Chronologia Helvetica* von J.H. Schweizer in der Edition des *Thesaurus Historiae Helveticae* („1735") und am Ende des ersten Bandes des *Chronicon Helveticum* („1734") von Aegidius Tschudi.

Das Vorkommen der gleichen Illustration in zwei Chroniken beweist den engen inhaltlichen und zeitlichen Zusammenhang der beiden Werke. - Beide entstammen dem gleichen Gelehrtenkreis.

## Mottos

*Helvetiorum historias, pro rerum gestarum magnitudine, in orbe non satis esse celebres nemo non ignorat.*

Niemand bezweifelt, daß die helvetischen Geschichten wegen ihrer Bedeutung in der Allgemeinheit nicht genug bekannt sind.

Les faits et gestes de l'histoire helvétique par leur importance ne nous sont pas assez parvenus éclaircis dans le public.

Johann Heinrich Schweizer (Suicerus, Suizerus): *Chronologia Helvetica, praefatio* (Vorrede)

*Les Suisses allemands sont peu instruits au sujet des Romands, et les Romands … connaissent encore moins les Allemands.*

Abraham Ruchat : *Les délices de la Suisse*, « Leyden 1714 », préface

*La Suisse a fait du Grütli le patrimoine de tous ses citoyens, et l'on aura de la peine à persuader aux pèlerins patriotes, ou même aux visiteurs indifférents, qui viennent y saluer le berceau de la Confédération, que jamais, en ce lieu si propice au mystère d'une conjuration, ne fut prêté le courageux serment qui fait sa célébrité.*

Albert Rilliet : *Les origines de la Confédération suisse. Histoire et légende* ; Genève et Bâle 1869, 323

4

# Inhalt

## Abbildungen

# Vorwort 2019

Die vorliegende Publikation stellt die Fortsetzung der erstmals 2008 erschienenen *Beiträge zur Freiburger Historiographie des 18. und 19. Jahrhunderts. Guillimann – Alt – Berchtold - Daguet* dar.

Ausgangspunkt damals war eine Neubetrachtung der um 1850 erschienenen ersten Freiburger Kantonsgeschichte von Jean-Nicolas Berchtold.

Berchtolds anfänglicher historischer Wegstreiter in Freiburg war Alexandre Daguet. Ihm widmete der Verfasser in den erwähnten Beiträgen eine Untersuchung seiner kleineren historischen Schriften.

Daguet verfaßte auch eine kleine Biographie des ersten Freiburger Geschichtsschreibers Guillimann. - In einer zweiten Phase untersuchte der Verfasser deshalb dessen wichtigstes Werk *De rebus Helvetiorum*.

Es lag nahe, den zweiten bedeutenden älteren Geschichtsschreiber Freiburgs, den Baron von Alt, in die Betrachtung einzubeziehen.

Die Untersuchungen über die vier Freiburger Historiker wollten zuerst ein paar vergessene Geschichtsschreiber in Erinnerung rufen. Es zeigte sich nämlich, daß die Freiburger Geschichtsschreibung im 20. Jahrhundert kaum mehr Notiz von den älteren gedruckten Geschichtswerken nahm.

Die erwähnte historiographische Untersuchung ließ das Hauptwerk von Alexandre Daguet übrig: die *Histoire de la Confédération suisse*, zuletzt erschienen 1879/80.

Daguet also gab Anlaß für eine Fortsetzung der Untersuchungen, die hier als Beiträge zur Schweizer Geschichtsschreibung figurieren.

Bei der vorherigen Untersuchung stieß der Verfasser auf ein älteres chronikalisches Werk, das zeit seiner Existenz niemand beachtet hat: die *Chronologia Helvetica*, angeblich von einem Johann Heinrich Schweizer, Suicerus oder Suizerus.

Der Autor hatte sich bereits vorher mit einigen Zeitbüchern befaßt. Dabei entdeckte er bei dem bekannten Chronisten Johannes Stumpf dessen kleine Schweizer Chronik. Diese zeigte sich ebenfalls als Zeitregister und als Werk von unschätzbarem historischem Wert.

Also stand das Konzept: zwei ältere Werke des 18. Jahrhunderts – gemäß der Geschichts- und Chronologiekritik – mit einer konventio-

nellen Schweizergeschichte des späten 19. Jahrhunderts zu vergleichen.

Im Laufe der Arbeit ergab sich, daß die drei gewählten Werke einen
logischen Zusammenhang hatten. Die kleine Chronik von Stumpf
erwies sich nämlich als das wohl älteste gedruckte Werk über die
Schweizergeschichte.

Die Helvetische Chronologie von Schweizer zeigte sich jünger als
Stumpf, aber älter als das Werk von Aegidius Tschudi.

Als wichtigster Unterschied zwischen Stumpf und Schweizer erwiesen sich die unterschiedlichen Datierungen der Gründungsgeschichte der Eidgenossen: Stumpf verbindet diese mit der Jahrzahl 1314,
während Schweizer bereits das von Tschudi verwendete Datum
1307/08 hat.

Alexandre Daguets Schweizergeschichte ist seit den 1860er Jahren
in verschiedenen Ausgaben und mit verschiedenem Umfang erschienen – bis zur letzten Ausgabe von 1879/80.

Wenigstens kursorisch werden hier alle Ausgaben des schweizergeschichtlichen Werks von Daguet besprochen.

Die Schweizergeschichte von Daguet behauptet als erstes in vollem
Umfang die Jahrzahl 1291 als Gründungsdatum der Eidgenossenschaft. Der Autor verfocht diese These mit einer ausgefeilten Argumentation.

Daguet als Welschschweizer Historiker hatte ein paar Vorläufer und
Zeitgenossen in der Waadt und in Genf. Also werden hier mehrere
Historiker der Romandie in ihren Werken über die Gründungsge-
schichte der Eidgenossenschaft und über Wilhelm Tell vorgestellt:
Hisely, Secrétan, Rilliet, Vulliemin und andere.

In der schweizerischen Historiographie des 20. Jahrhunderts - besonders bei dem Historiker Karl Meyer – wurde 1291 zu einer unumstößlichen Chiffre und zu einem Kulminationspunkt in der geschichtlichen Betrachtung der Eidgenossenschaft.

Damit bekamen die drei behandelten Werke von Stumpf, Schweizer
und Daguet einen inneren Zusammenhang. Erstmals ließen sich die
drei Gründungsdaten von 1314 über 1307 zu 1291 historiographisch
und chronologisch nachzeichnen und beurteilen.

Es zeigte sich, daß der Wechsel vom ältesten Datum 1314 zu
1307/1308 nicht arbiträr war. Dahinter stand der vom Tschudi-Kreis

begonnene Versuch, die eidgenössische Gründungslegende auf 1291 zu fokussieren. Manifest wurde dies durch die „Entdeckung" des Bundesbriefes von 1291.

Die Untersuchung zeigt die zentralen Elemente der eidgenössischen Geschichtskonstruktion auf. Die Betrachtung der beiden ältesten schweizerischen Zeitregister machen deutlich, wie viele Daten und Nachrichten nachher verschoben, verändert und getilgt worden sind. Sie zeigen auch, wie das heute gängige Geschichtsbild Jahrzehnte zu seiner Ausformung brauchte.

Die Geschichtswissenschaft des 20. Jahrhunderts hat sich großenteils von ihren ältesten und wichtigsten erzählenden Quellen entfernt.

Mit der vorliegenden Betrachtung wird der Weg zu den Ursprüngen der eidgenössischen Geschichtskonstruktion geebnet.

Der Zweck der vorliegenden Publikation ist derselbe wie bei der früheren über die Freiburger Historiographie: Es sollen ein paar wichtige, aber vergessene Geschichtsschreiber mit ihren Hauptwerken vorgestellt werden. Der Hauptteil ist also vorwiegend referierend. Nur bei der Einführung der Werke und besonders bei den Vergleichen zwischen Daguet und Karl Meyer werden im gewohnten Sinne Anmerkungen angefügt.

Dank für die vorliegende Arbeit gebührt vor allem Professor Francis Python von der Universität Freiburg. Dieser hat dem Verfasser die Themen – Berchtold und Daguet – vorgegeben und auch für die vorliegende Publikation wertvolle Anregungen übermittelt.

Ebenfalls zu Dank verpflichtet ist der Verfasser dem BNF in Bern mit ihrem Leiter Dr. Hans Wyler.

Ein Dank geht auch an die Kantons- und Universitätsbibliothek Freiburg, welche durch die Bereitstellung der Dokumente und ihre Unterstützung dem Verfasser seine Arbeiten ermöglichten.

Herrn Alain Bosson von der letztgenannten Institution sei besonders gedankt: Er hat bereitwillig die hier wiedergegebenen Reproduktionen aus der kleinen Chronik von Stumpf und der Helvetischen Chronologie von Schweizer geliefert.

Die vorliegende Neuausgabe von 2019 ist – außer den Abbildungen - wenig verändert.

Es soll darauf hingewiesen werden daß die kleine Schwyzer Chronik von Johannes Stumpf seit Jahren online zugänglich ist.

In Sachen Schweizer Historiographie der älteren Zeiten ist jedoch in dem genannten Zeitraum seit dem ersten Erscheinen des Buchs nichts Besonderes zu vermelden.

# Die zwei ältesten Zeittabellen zur älteren Schweizer Geschichte: Stumpf und Schweizer

Bei meinen Untersuchungen über den Freiburger Chronisten Guillimann bin zuerst auf die *Chronologia Helvetica* eines Johann Heinrich Schweizer und hernach auf die kleine Schweizer Chronik von Johannes Stumpf gestoßen. Die beiden Chronologie-Werke erwiesen sich als wahre Fundgruben für die ältere Schweizergeschichte. Es stellte sich heraus, daß sie wahrscheinlich die ältesten Druckwerke sind, welche die Landesgeschichte chronologisch geordnet und umfassend darstellten.

Sowohl Stumpf wie Schweizer stellen die alte Geschichte der Helvetier und der Eidgenossen in wesentlichen Einzelheiten anders dar als spätere Werke. Die Inhalte und Jahrzahlen waren also anfänglich noch nicht gefestigt. Darüber hinaus geben sie teilweise sogar Hinweise auf die wahren Ursprünge der Eidgenossenschaft.

Es erstaunt deshalb, daß weder in älterer noch in neuerer Zeit die beiden genannten Werke gewürdigt und ihre Inhalte untersucht wurden. In der Folge bestand bis heute in der Schweizer Geschichtswissenschaft eine fatale Lücke: Die Darstellungen und die Diskussionen haben das zweite, das bereinigte Konzept der helvetischen Geschichte von Aegidius Tschudi zur Grundlage; sie ignorierten einen ersten, einen ursprünglichen Entwurf.

Die Unterlassung hat zwei Gründe.

Zum ersten werden alte Chroniken nur selektiv betrachtet. Die Hervorhebung einzelner Chronisten darf nicht dazu führen, die anderen aus dem Blickfeld zu verlieren. Die Neuausgabe etwas des *Chronicon* von Ägidius Tschudi durch Bernhard Stettler - auf Grund eines Manuskripts - ist erfreulich. Doch hier haben wir es mit einem historischen Konzept der zweiten Ebene zu tun.

Eine noch größere Verwirrung ergibt sich aus der falschen Chronologie, welche den alten Chroniken und sonstigen Geschichtswerken anhaften. Diese führte zu einer grotesken Verzerrung von Einflüssen und Zusammenhängen. Man versuchte, eine Jahrhunderte lange Entwicklung zu fassen, wo in Wirklichkeit nur wenige Jahrzehnte zu betrachten sind.

Die älteste Schriftkultur stellt sich als eine gewollte Verschleierung, Verzerrung und Verfälschung von Früherem und Späterem dar. So wie es unmöglich ist, eine alte Geschichte inhaltlich und chronologisch zu fassen, so entziehen sich die Chroniken einer eindeutigen zeitlichen Zuordnung. Folglich sind die Biographien der angeblichen Verfasser fingiert, und die Beschreibungen und Datierungen der Werke bloße Zuschreibungen.

Das Dilemma ist nicht aufzulösen. Einzig die analytische Methode, der inhaltliche Vergleich der alten Schriftwerke, führt zu mehr Klarheit. Die Kriterien älter, jünger und gleichzeitig erlauben eine relative Übersicht zu erzielen und die Veränderung historischer Konzepte zu verfolgen.

Die beiden erwähnten Zeittabellen von Stumpf und Schweizer erweisen sich dabei als kapitale schriftliche Geschichtsquellen, gewissermaßen als die ältesten schweizergeschichtlichen Werke. Eine Betrachtung, eine bloße Wiedergabe ihrer wichtigsten Inhalte, muß deshalb zu einem veränderten Bild der Entstehung der Eidgenossenschaft führen.

Darüber hinaus ist die historische Forschung zu belangen: Sie beschäftigte sich seit dem 19. Jahrhundert grundsätzlich immer mit dem zweiten Entwurf der Schweizergeschichte. Und auch dieses Konzept wurde mehr und mehr geglättet und verändert. In der Folge haben wir heute ein Geschichtsbild, das heutigen Wünschen entspricht, aber im Widerspruch zu den ursprünglichen Inhalten und Daten steht.

## Zur kleinen Schweizer Chronik (*Schwytzer Chronica*) von Johannes Stumpf

Die kleine Schweizer Chronik von Stumpf ist im eigentlichen Sinne keine Chronik, sondern ein Zeitregister[1]. Diese waren für die Chronisten Grundlage und Vorbedingung für ihre Geschichtswerke. Denn

---

[1] Zu den schweizerischen Zeitregistern fehlt eine größere, zusammenhängende Untersuchung bis heute. Als grundlegende Untersuchung ist zu erwähnen: Fetscherin, R.B. (1855): *Das sogenannte Zeitregister von Tschachtlan gehört dem XVII., nicht aber dem XV. Jahrhundert an*; Zürich. Fetscherin schreibt das Zeitregister dort richtig dem ersten realen Berner Chronisten Michael Stettler (angeblich 1. Hälfte des 17., tatsächlich nach der Mitte des 18. Jahrhunderts) zu. Weitere bedeutende Berner Zeitregister sind der *Catalogus Annorum* von Valerius Anselm Ryd, angebliches Druckdatum 1550, und die Zeittafel der Republik Bern von Georg Wilhelm von Goldbach (Burgerbibliothek Bern, Mss. Hist.Helv. I, 91), welches verfrüht mit 1723 datiert ist, aber schon Guillimann erwähnt.

auch für die ältere Schweizer Geschichte gilt: Ohne eine verbindliche Chronologie[1] konnten keine Inhalte strukturiert werden. Neben Stumpf und Schweizer hat besonders die Berner Geschichtsschöpfung solche Register hinterlassen. Die Zeitregister von Justinger oder Tschachtlan und von Valerius Anshelm führen alle zu Michael Stettler und seinem Kreis als Autor[2].

Das Zeitregister von Stumpf erweist sich jedoch als relativ unabhängig von Bern.

Johannes Stumpf[3] ist ein an und für sich bekannter Schweizer Chronist, der aber vollkommen im Schatten von Aegidius Tschudi steht. Es gibt keine älteren oder neueren Forschungen zu diesem Geschichtsschreiber[4].

So gut man von einem eigentlichen Tschudi-Komplex sprechen kann, hinter welchem man eine ganze Gruppe von Gelehrten vermuten darf, so gab es einen solchen um den Namen Johannes Stumpf.

Die enge zeitliche und inhaltliche Verwandtschaft der beiden Historiographen ist evident; beide erwähnen die Namen des anderen. Trotzdem ist Stumpf in seinen Werken älter als Tschudi – auch wenn der zeitliche Abstand wohl nur Jahre beträgt.

Die kleine Schweizer Chronik mit dem offenbar gewollt umständlichen und sprachlich verdrehten Titel *Schwytzer Chronica/Auss der großen in ein handbüchle zusamen gezogen:* .... behauptet eine Entstehung *nach* der großen Chronik und gibt als Erscheinungsort

---

[1] Die historische Chronologie ist trotz mehrerer grundlegender Werke noch heute weder in ihren Ursprüngen und Zusammenhängen erforscht. Die grossen chronologischen Werke von Joseph Justus Scaliger, Denis Pétau (Dionysius Petavius) und Sethus Calvisius bieten fertige Datengerüste, lassen aber keine Schlüsse auf Entstehung und Herkunft zu. Besonders liegt der Ursprung der Anno Domini-Jahrzählung weiterhin im Dunkeln oder ist nicht zu erhellen.

[2] Vgl. dazu Pfister: *Bern und die alten Eidgenossen,*op.cit.

[3] Vgl. die Erwähnungen in: Mülinen, Egbert Friedrich von (1874): *Prodromus einer schweizerischen Historiographie,* Bern; 157 – Wyss, Georg von (1895): *Geschichte der Historiographie in der Schweiz;* Zürich, 193 ff. – Feller, Richard/Bonjour, Edgar (1979): *Geschichtsschreibung in der Schweiz. Vom Spätmittelalter zur Neuzeit,* Bd. 1, Basel/Stuttgart, 180 ff.

[4] Als ältere Dissertation über Stumpf ist zu nennen: Müller, Hans (1945): *Der Geschichtsschreiber Johannes Stumpf. Eine Untersuchung über sein Weltbild;* Rapperswil (Teildruck einer Dissertation). – Die kleine Chronik von Stumpf wird dort nur aufgeführt, nicht behandelt.

und Erscheinungsjahr „Zürich 1554" an. Der Kleinoktav-Band ist in acht Bücher unterteilt und zählt 285 mit römischen Zahlen versehene Rekto-Seiten, mit gesamthaft 571 Seiten Inhalt. Dazu kommt eine zweiseitige Widmung an einen Stadtschreiber Johann Escher und am Schluß eine Seite mit Verbesserungen von Druckfehlern.

Der Zusammenhang zwischen großer und kleiner Stumpf-Chronik ist offenkundig. Trotzdem ist die Behauptung des Titels des kleinen Handbuchs, dieses sei aus dem großen zusammengezogen, kritisch aufzunehmen, ebenso die nachzeitige Entstehung.

Der kleine Stumpf ist als eigenständiges Werk aufzufassen. Eine Betrachtung des Inhalts zeigt, daß die dortigen Mitteilungen weit über diejenigen der großen Chronik hinausgehen – abgesehen von der chronologischen Ordnung.

Die kleine Chronik enthält wie die große Chronik auch Holzschnitte – anfänglich durchwegs Medaillons von Herrschern, ab dem fünften Buch auch mit anderen Historienbildern und Porträts. – Die Verwandtschaft der Bilder mit den Illustrationen von Stumpfs großer Chronik und der *Cosmographia* von Sebastian Münster ist auffallend. Die Porträts von Herzog Leopold von Österreich und von Karl dem Kühnen sind in allen drei Werken identisch[1].

Da wie bei allen frühen Geschichtsschreibern die Personen, die Zuschreibungen und Datierungen ihrer Werke verschleiert sind, führt einzig ein inhaltlicher Vergleich zu mehr Klarheit.

Die kleine Schweizer Chronik von Stumpf scheint in Zürich, auf alle Fälle in der Ostschweiz, verfaßt worden zu sein. Das zeigt zuerst die besondere Berücksichtigung jener Orte und Regionen.

Stumpfs Werk ist aber zweifelsfrei älter als das Zeitregister von Schweizer – auch wenn sich der zeitliche Abstand wahrscheinlich nur mit Jahren bemißt.

Vor allem wird die Befreiungsgeschichte der Waldstätte mit dem Jahr 1314 verbunden[2], während die Helvetische Chronologie schon das von Tschudi festgesetzte Datum 1307 verwendet.

---

[1] Stumpf: *Kleine Schweizer Chronik*, 181 v (Leopold), 225 r (Karl der Kühne); Sebastian Münster: *Cosmographia*, ND Lindau 1984, I, 332; Stumpf, Chronik, ed. 1606, XIII, 227 v (Leopold), 740 v (Karl der Kühne)
[2] Ebenfalls nennt Stumpfs große Schweizer Chronik (I, Zürich, „1548", 328 ff.) und Sebastian Münster 1314 als Datum der eidgenössischen Bundes-

Die bernische Befreiungsschlacht am Dornbühl oder Donnerbühl ist hingegen sowohl bei Stumpf wie bei Schweizer mit dem alten Datum 1291 versehen. Der letztere Chronist steht aber Tschudi nahe, der in seinem *Chronicon* für das Berner Ereignis – wohl unter dem Einfluß des unterdessen aufgetauchten „Justinger" – schon die fortan gültige Jahrzahl 1298 trägt[1].

Auch die *Cosmographia* von Sebastian Münster datiert die Befreiungsschlacht der Berner in das Jahr 1298[2]. – Das zeigt, wie schwer die zeitliche Einordnung der einzelnen Chroniken ist.

Stumpfs kleine Chronik ist universal, indem sie schon in den Anfängen und aus ganz Europa Nachrichten bringt, während die Helvetische Chronologie ihrem Titel getreu sich ganz auf Helvetien beschränkt und erst mit der Mitte des 13. Jahrhundert – der Wiedergeburt des seit 71 AD geteilten Landes – ausführlich wird.

Dafür geht die Helvetische Chronologie bis zur Jahrzahl 1607, während die kleine Chronik von Stumpf 1546 aufhört. – Doch diese chronologisch unterschiedliche Heranführung an die Neuzeit ist als Kunstgriff anzusehen und nicht von Belang. – Schließlich ist auch die letzte Ausgabe von Stumpfs großer Chronik mit dem Jahr 1606 verbunden.

Wie bei Tschudi ist Stumpf bereits ein Grossteil der antiken und mittelalterlichen Autoren bekannt gewesen. – Auch auf Inschriften, welche Stumpfs große Chronik und nachher Tschudi nennen, wird in der kleinen Chronik angespielt.

Die Zürcher Chronik von Heinrich Brennwald erwähnt die Gründungsgeschichte der Eidgenossenschaft nicht. Aber der inhaltliche Vergleich setzt sie klar nach Stumpf; sie scheint etwa zeitgleich mit Justinger zu sein – aber noch vor Tschudi.

Sicher verwertet Petermann Etterlins eidgenössische Chronik Einzelheiten aus Stumpfs kleiner Chronik[3] – gleich wie er bekannterwei-

---

gründung, wenn auch letzterer die Beschwörung des Bundes in das Jahr 1316 setzt: Münster, *Cosmographia*, op.cit.,I, 679 ff.
[1] Tschudi, *Chronicon*, op.cit., I, 3, 216
[2] Münster: *Cosmographia*, I, 739
[3] Ersichtlich etwa in der Erwähnung der Löwengeburt in Sempach 1278 (dort ins Jahr 1280 gesetzt, der Sonnenfinsternis vom 1. September 1448 (dort ins Jahr 1446 gesetzt) und dem Niedergang eines Kometen bei Ensisheim

se Passagen aus Justinger übernimmt[1]. – Auch Etterlin ist also jünger als Stumpf.

Die heutige Forschung anerkennt sogar, daß die alte Chronistik von Stumpf über Brennwald und Etterlin bis zu Tschudi nach Einflüssen und Verwandtschaften letztlich unentwirrbar sind und beinahe als *Kollektivwerk*[2] anzusehen ist.

Auf jeden Fall verdient Stumpfs Zeitregister eine besondere Würdigung. Nirgends sind die helvetischen Belange so prägnant und umfassend zusammengefaßt, wie in diesem Werk.

Zuletzt, aber nicht am wenigsten, muß darauf hingewiesen werden, daß sich über die Vorbilder der Stumpfschen Chronologie keine eindeutigen Aussagen machen lassen. Dies bedingte eine europaweite vergleichende Betrachtung der ältesten Zeitbücher.

## Einzelheiten aus Stumpfs kleiner Schweizer Chronik

Nach einem eineinhalbseitigen Vorwort, das dem Zürcher Stadtschreiber Johann Escher gewidmet ist, und einer 15-seitigen geographischen Skizze Europas, dann Helvetiens, zuletzt noch einer 14-zeiligen Anmerkung *Vom Adel*, wendet sich die Chronik mit dem ersten Buch der chronikalischen Aufzählung zu.

Doch unbedingt sind aus der helvetischen Landesbeschreibung zwei Dinge zu erwähnen:

Zum ersten bestehe Helvetien aus vier Gauen, nämlich dem Thurgau, Zürichgau, Aargau und der Waadt oder dem Wiflisburger Gau.

Und die Grenzen des Zürichgaus werden wie folgt beschrieben: Gegen Sonnenaufgang die Töss, gegen Mittag das Alpengebirge, gegen Sonnenuntergang die Reuss und gegen Mitternacht der Rhein. Zu diesem Gau gehörten aber auch Zug, Schwyz, Uri und Glarus. Zum Aargau gehörten Luzern, Unterwalden, Solothurn und die Berner Landschaft (3 r f.).

---

im Elsaß. Vgl. Petermann Etterlin: *Kronica von der loblichen Eydtgnoschaft* ..., Basel 1752; 22, 177, 228

[1] Petermann Etterlin: *Kronica*; Aarau 1965, 23 ff. (Einleitung)

[2] Maissen, Thomas (1994): *Ein „helvetisch Alpenvolck"*. Die Formulierung eines gesamteidgenössischen Selbstverständnisses in der Schweizer Historiographie des 16. Jahrhunderts. In: *Studia Polono-Helvetica II: Historiographie in Polen und in der Schweiz*; Krakau, 86

Mit der obigen Bemerkung wird klar, daß die Standeseinteilung der alten Eidgenossenschaft vor 1798 nicht ursprünglich, sondern Ergebnis einer umfassenden Bereinigung war.

Als erstes Ereignis wird im Jahre 2373 vom Anfang der Welt, im 131. Jahr nach der Sintflut erzählt, wie Tuisco, von Abstammung ein Patriarch in der Linie von Gomer, Japhet und Noah, mit zwanzig Fürsten aus Armenien nach Deutschland gekommen sei und das Geschlecht der Tuiscones, also der Deutschen begründet habe (8 v).

Isis, die Mutter des Herkules, sei von den Helvetiern für eine Göttin gehalten worden. Ihr habe man bei Wettingen an der Limmat und auf dem Isenberg ob Ottenbach im Freiamt Tempel gebaut (9 v).

Brennus, Brenner oder Berno sei im Weltalterjahr 3962 ein König der Deutschen gewesen (10 v).

Die Zerstörung Trojas wird nach Eutropius ins Weltalterjahr 4016 oder 4019, aber 1183 AC und 432 Jahre vor der Gründung Roms angesetzt (11 r).

Bei den lateinischen Askaniern in Italien hieß der vierte König Eneas Sylvius; und um das Weltalterjahr 4112 hätten die berühmten griechischen Poeten Homer und Hesiod gelebt (11 v).

Im Weltalter 4035 habe man Neapel (11 v) und am 21. April 4448, 751 vor Christus, die Stadt Rom auf dem Aventin zu bauen begonnen (12 v).

Der Helvetier Elico hat nach Plinius erstmals aus Italien Feigen, Weinbeeren, Öl und anderes *Geschleck* über das Alpengebirge gebracht und so die Helvetier und Gallier *verschleckt* (12 v f.).

Auf mehreren folgenden Seiten wird von wiederholten Kämpfen der Gallier mit den Römern in Italien berichtet (13 r ff.). Bei diesen Kriegen machten häufig die Helvetier als Söldner mit.

Wie in der Helvetischen Chronologie werden Taten von Brennus, dem gewaltigen König der Deutschen und Gallier erzählt: Dieser habe Aventicum, die größte und mächtigste Stadt der Helvetier, die zuvor von König Sigwein von Byzanz (Besançon) unterworfen worden war, überrumpelt und zerstört. Daraufhin habe Brennus Sigweins Tochter zur Gemahlin bekommen (15 r f.).

Alle diese Züge der Gallier mit den Helvetiern nach Italien nehmen sich wie eine Präfiguration der Mailänder Kriege der Eidgenossen aus – und sind wohl auch so ausgedacht.

Die Gründungslegenden der Waldstätte, also von Schwyz, Unterwalden und dem Haslital, werden im Zusammenhang mit der Kimbern-Geschichte erzählt (19 v).

Die gallischen Häduer würden jetzt Burgunder genannt, die Sequaner ebenfalls Burgunder und Sundgauer (20 v).

Von Horderich (Orgetorix) wird berichtet, daß dieser gewaltigste Helvetier das ganze Volk in seine Gewalt gebracht habe. Doch nachher sei er ins Gefängnis geworfen worden, wo er starb. Man wollte ihn verbrennen (20 v).

Im Wallis wurden zu Sitten, in Octodurus oder Martinach und in Agaunum (Sankt Moritz) zu Ehren des Augustus viele Siegeszeichen in Marmor aufgerichtet. Die Inschriften seien noch heute sichtbar (23 r).

Dem dritten Buch, das mit der Erwähnung der Geburt Christi im Weltalter 5199, *ab urbe condita* 751 beginnt, wird die Bemerkung vorangestellt, daß von jetzt an nur mehr die Anno Domini-Zählung gelte (24 r).

Im Jahre 30 AD beginnt Johannes der Täufer in Judäa zu predigen, und 33 AD wird Jesus Christus verurteilt und gekreuzigt (24 v).

Unter dem Jahr 43 wird gesagt, daß die Römer das Treiben der Druiden in Gallien abgestellt hätten.

Und 44 soll der Apostel Petrus in Rom erster Papst geworden sein. Doch der Autor läßt den Wahrheitsgehalt dieser Mitteilung offen: *Obs waar sey, weißt Gott wol* (25 r).

Markwürdig mutet die Mitteilung an, daß im Jahre 50 AD Krakau in Polen erbaut worden sei (25 v).

56 AD wird vor dem Tod von Kaiser Claudius von einem Kometen am Himmel berichtet (25 v).

Wichtig ist die Erwähnung des römischen Bürgers Sabinus, von Beruf Krämer und wohnhaft in Aventicum (26 r). Dieser war der Vater des späteren Kaisers Vespasian, der also seine Jugendzeit in jener Stadt verbrachte.

Die erste Christenverfolgung durch Nero wird in das Jahr 70 AD datiert (25 v). – Die Regierungsjahre der ersten römischen Kaiser sind hier gegenüber später um einige Jahre nach vorn verschoben.

Also fand der Helvetieraufstand im Dreikaiserjahr unter Vitellius, 71 AD statt (26 v).

Doch wird die Hilfeleistung der Helvetier für Titus zur Eroberung von Jerusalem bei Stumpf chronologisch getrennt: Sie soll 75 AD stattgefunden haben (26 v), während sie die Helvetische Chronologie zeitgleich zum Aufstand setzt.

Vespasian soll erst nach diesem Aufstand, also 72 AD an die Regierung gekommen sein; Titus demzufolge erst 82 AD (26 v f.).

Vom Spanier Trajan wird vermerkt, daß er als römischer Kaiser 19 Jahre regiert habe und man seine „Trophea" aus Marmor bei den Helvetiern in der Nähe von Baden im Aargau und in Wiflisburg finde (27 v).

Ebenfalls sind die Regierungsjahre Caracallas nachverschoben: Dieser Herrscher aus Lyon habe 213 – 219 regiert und sei erschlagen worden (29 v).

Wie in der großen Chronik von Stumpf wird zwischen alten und neuen Volksnamen häufig nicht unterschieden.

Also sollen unter Aurelian die Deutschen nach Italien gezogen und dort die Römer besiegt haben. Aber die Eindringlinge seien sorglos geworden, in drei Schlachten geschlagen und zum Verlassen des fremden Landes gezwungen worden (32 v).

276 AD habe man die Allobrogerstadt Genf vergrößert (32 v).

297 seien die Deutschen in Gallien eingedrungen. Sie schlagen Constantius Chlorus, werden dann aber von ihm bei Langres besiegt. Der Kaiser schlägt hierauf die Alemannen 300 AD auf dem Birrfeld bei Vindonissa (33 v).

Im gleichen Jahr befestigten die Römer wiederum das Kastell Zürich, welches vorher durch die Alemannen wehrlos gemacht wurde (34 r).

Im Folgejahr 301 AD sei die zehnte und grausamste Christenverfolgung unter Diokletian gewesen (34 r).

Das Martyrium der Thebäischen Legion in Agaunum wird hier ins Jahr 304 AD gesetzt (34 v). – Die Helvetische Chronologie datiert es auf 291 AD.

In Zürich werden 306 AD Felix, Regula und Exuperantius, Überlebende der Thebäischen Legion, durch den römischen Landvogt Decius (!) enthauptet. Ein gleiches Schicksal trifft Ursus und Viktor in Solothurn (34 v).

Gott aber habe das Blut der Christen gerächt: Diokletian beging Selbstmord durch Gift, und sein Mitkaiser Maximian wurde in Massilia durch seinen Tochtermann erschlagen (34 v).

Schwer zu erklären ist die Datierung des ersten Konzils von Nikäa: Während es allgemein im Jahr 325 AD angesetzt wird, ist die Kirchenversammlung hier mit der Jahrzahl 338 verbunden (35 v).

369 AD soll es auf der Welt ein grausames Erdbeben gegeben haben. Der Überlauf des Meeres habe zahlreiche Inseln, Städte und Länder ertränkt (37 v).

Im Jahre 391 AD habe die schöne Stadt Basel bereits bestanden. In ihrer Nähe baute Kaiser Valentinianus damals eine starke Festung gegen die Alemannen. – Zu dieser Zeit habe auch der Historienschreiber Ammianus Marcellinus gelebt (38 v f.).

Nachdem er schon 407 AD in Italien eingefallen und bei Piacenza geschlagen wurde, habe König Allrych (Alarich) 412 Italien erneut verheert und Rom erobert (40 r).

Bekanntlich wurde die Eroberung Roms durch den Westgotenkönig Alarich später auf 410 AD gesetzt. Und der Herrscher sei danach in Süditalien eines natürlichen Todes gestorben.

Nach der kleinen Chronik aber wurde Allrych von seinem eigenen Volk enthauptet, desgleichen sein Nachfolger Adolf (Athaulf) (40 r).

Mit dem Einfall des Hunnenkönigs Attila in Deutschland, dann in Gallien, geschehen auch für Helvetien wichtige Dinge (41 r ff.):

Bei Gelegenheit des Hunneneinfalls eroberten die Alemannen nämlich Helvetien und nahmen das Land bis zur Reuss in Besitz.

Damit aber sei der Name Helvetien um 452 AD abermals verblichen (41 v).

Danach seien die helvetischen Städte Aventicum, Orbe, Agaunum, Solothurn, Zürich, Windisch, Zurzach, Kaiserstuhl, Winterthur, Burg bei Stein, Konstanz, Pfyn, Arbon und Augst bei Basel zerstört worden.

Die Urheber für die Zerstörung der Orte werden nicht ausdrücklich genannt, wohl aber das Motiv: Damit die Römer sich nicht mehr darin aufhalten konnten (*darmit die Römer sich nit mer darinn enthalten möchtind*). (41 v).

Ebenfalls seien alle römischen Monumente zerstört worden, doch mehr im alemannischen, denn im burgundischen Teil Helvetiens (41 v f.).

Die meisten der zerstörten helvetischen Orte seien nachher wieder aufgebaut worden; doch etliche immer in Schutt und Asche geblieben (42 r).

Man kann aus den obigen Mitteilungen interessante Schlüsse auf die Entstehung eines unabhängigen Helvetiens ziehen. Offenbar galten die Römer als Feinde des Landes. Aber diese kamen nicht aus Italien, sondern wohnten jenseits des Rheins. – Liegt hier eine antike Blaupause für den Schwabenkrieg der Eidgenossen vor?

Dietrich der Ostgote sei 481 in Italien eingefallen, habe 485 Odoaker erstochen und bis zu seinem Tod 522 dort geherrscht (43 v ff.).

Auch hier fällt eine Verschiebung des Todesdatums von Theoderich dem Grossen auf: Gemeinhin wird dieses heute auf 526 AD gesetzt.

Wie in der Helvetischen Chronologie wird auch hier unter der Jahrzahl 615 AD berichtet, wie der Thunersee an einigen Tagen so warm wurde, daß viele Fische darin gesotten wurden (50 r).

Vielleicht sollte dieses sonderbare Naturereignis die gleichzeitig gemeldeten Predigten und den Kampf gegen die Abgötterei von Kolumban und Gallus am Bodensee erklären.

Aber da der Thunersee die Grenze zwischen Ost- und Westhelvetien bildete, könnte damit auch ein Ereignis im Folgejahr erklärt werden:

616 sollen die alemannischen Helvetier des Zürich- und Thurgaus nach Kleinburgund bis Genf gezogen sein und das Land gebrandschatzt haben (50 v).

Die ausgleichende Gerechtigkeit kam 42 Jahre später: Durch einen Krieg der fränkischen Hausmeier wurde das alemannische Helvetien, der Zürichgau und der Thurgau, *gar übel verhergt und beschädiget* (53 r).

Zweimal sollen die Sarazenen und Mohren aus Afrika in Südgallien eingefallen sein: 725 eroberten sie Avignon, 739 Arles; aber beide Male wurden sie durch Karl Martell vertrieben (57 r, v).

828 regnet es Korn vom Himmel, was man dem Kaiser Ludwig in Aachen meldet (66 r).

829 überfallen die Sarazenen aus Afrika Rom. Der langobardische Markgraf Guido eilt mit den alpenländischen Helvetiern und Rhätern gegen die Stadt und errettet sie in blutigem Kampf (66 r f.).

Im gleichen Jahr wird für Helvetien ein großes Erdbeben vermeldet, dazu ein Sturmwind, der zahlreiche Bäume und Gebäude umgeworfen habe.

Den Zug der Helvetier nach Italien würde man aus Gründen der numerologischen Kongruenz mit 1494 eigentlich im Jahr 828 sehen. – Doch gewisse Ereignisse wurden zum Zweck der Verschleierung bewußt geringfügig verschoben.

833 soll ein Priester Witthard Kloster und Propstei Luzern gestiftet haben (67 r).

Das obige Datum steht zweifellos in einer Beziehung zum Kirchenvater Basilius dem Grossen, der 500 Jahre vorher geboren wurde. – Und nach einem weiteren halben Jahrtausend, 1333, wird ein schwerer Wolkenbruch über Luzern wiederum an den oströmischen Heiligen erinnern (156 r).

Aus den drei Jahrzahlen 333, 833 und 1333 läßt sich ein Christus-Chronogramm erstellen (vgl. Seite 126).

Die Stiftung der Fraumünsterabtei in Zürich, die heute mit dem Jahr 853 verbunden ist, soll 840 erfolgt sein. Kaiser Ludwig von Ostfranken vergibt ihr auch die Stadt mit ihrer Umgebung, dazu das Land Uri. Nur das Kastell von Zürich war dem Reich vorbehalten (67 r).

Unter dem Jahr 841 wird vermerkt, daß das Kloster St. Gallen eine treffliche Zuchtschule geworden sei, in welcher die Edlen ihre Kinder in allerhand guten Künsten erzogen (68 r).

869 regnet es in Brixen drei Tage lang Blut (70 r). – Das Ereignis ist inhaltlich wie numerologisch rätselhaft.

885 wird das königliche Dorf Zürich abermals mit Mauern und Gräben umgeben und zu einer Stadt gemacht (72 r).

Kaiser Otto II. sei 984 in Rom an Gift gestorben. Sein junger Sohn kam an die Regierung und regierte 18 Jahre (87 r).

Im Jahre 1000 erschienen Kometen und brennende Fackeln am Himmel (88 v). – Dies ist offenbar als Vorbedeutung für das kommende Jahrtausend und für das Folgejahr zu verstehen.

1001 nämlich ließ Kaiser Otto (III.) den von den Römern erwählten Gegenkaiser Crescentius hängen. – Doch der Herrscher mußte dafür büssen, denn er starb im selben Jahr an einem Gifttrunk (88 v f.).

Crescentius ist geschichtsanalytisch als Heiland-Figur zu verstehen. Er stellt eine Parallelität zu Johannes dem Täufer dar.

Das Jahr 1020 muß furchtbar gewesen sein:

Der Mond wurde blutfarben. Eine brennende Fackel, so groß wie ein Turm, fiel vom Himmel. Das Meer überlief und ertränkte viele Städte und Dörfer. Eine große Teuerung und Hungersnot kam. Zuletzt starben mehr Leute an der Pestilenz als übrig blieben. Ein heilsamer Brunnen in Lothringen enthielt für einige Zeit Blut statt Wasser (91 r).

Diese Mitteilungen sind klar als Hinweis auf die Geburt von Hildebrand, dem hochmittelalterlichen Jesus zu deuten.

Dieser Hildebrand war nach dem Chronisten ein Benediktinermönch und *Schwarzkünstler* und wurde 1073 unter dem Namen Gregor (VII.) Papst (98 r).

Die Charakterisierung Hildebrands als geistlicher Schwarzkünstler ist interessant, wenn auch schwer zu deuten.

1076 wurde Wiflisburg durch Bischof Burkhard von Lausanne an Stelle des alten Aventicums wieder zu einer Stadt gemacht (99 r).

Der Chronist vermeldet den Tod von Hildebrand – Gregor VII. wie heute üblich unter dem Jahr 1085 (102 v). - Doch weisen numerologische Kriterien und Hinweise in anderen Chroniken darauf hin, daß dies 1086 war – deshalb ist 1186 als hundertste Wiederkehr des Todesjahres zu betrachten.

Bei einer Sonnenfinsternis im Jahre 1093 sei eine brennende Fackel am Himmel von Ost nach West gesehen worden (103 v).

Ebenfalls gab es 1121 ein grausames Feuer am Himmel. Während sechs Stunden wurden Flammen auf die Erde geworfen (107 r).

1136 sei das Stift St. Maurice im Wallis – das alte Agaunum - abermals reformiert worden (108 r).

Noch im Hochmittelalter wurden offenbar alte und neue Namen gleichwertig gebraucht. So soll Kaiser Konrad (II.) in einer Schlacht den Herzog Welf von Bayern mit Hilfe der Schwaben und *Helvetier* überwunden haben (109 r).

Die Geschichte von Arnold von Brescia wird in Einzelheiten erzählt:

Dieser habe in Italien wider Papst, Mönche und Pfaffen gepredigt. Der Papst verbannt ihn darauf. Arnold flieht nach Helvetien und nimmt Aufenthalt in Zürich. 1145 kehrt Arnold von Brescia nach Italien zurück und wird 1154 von Friedrich (I.) dem Papst zu Gefallen verbrannt. – Auf dem Kriegszug des Kaisers hätten auch viele Helvetier mitgemacht (109 r f., 110 v).

Dieser Friedrich zerstört 1162 Mailand und läßt den Pflug darüber fahren und Salz auf die Erde streuen (111 v) – eine klare Anspielung auf das Ende des antiken Karthago.

1167 belagert Friedrich Rom, muß jedoch abziehen, weil sein Heer durch die Pest dezimiert wird (112 r) – eine Anspielung auf das Schicksal des Assyrerheeres von Sanherib bei der Belagerung von Jerusalem.

Unter dem Jahr 1184 wird vermerkt, daß Paris, *die katige statt*, erstmals mit Steinen besetzt wurde (113 v). – Gemeint ist eine Pflästerung der bisher unbefestigten Gassen.

1186 wird von einem warmen Winter und einem ebensolchen Frühjahr berichtet, welche die Ernte im Mai und den Herbst im August brachten (113 v f.).

Im Elsaß hingen 1212 viele der Lehre und Meinung an, man dürfe mit Gott jeden Tag Fleisch essen. Der Papst verbannte diese Häresie und der Bischof von Straßburg ließ zu einer Zeit hundert von diesen Ketzern verbrennen (118 v.). - Es ist dies ein Hinweis auf die in Nordfrankreich um diese Zeit verbreitete Sekte der Amalrikaner.

Die erste Stadterweitung Berns vom Zeitturm bis zum Glöcknertor und Bärenhäuschen – also bis zur Höhe des heutigen Käfigturms - wird unter dem Jahr 1228 vermerkt (120 r).

1231 halfen die Berner dem Grafen von Savoyen, die burgundischen Fürsten zu bekriegen. Darob machte der Fürst Bern zu einer freien Stadt und schloß ein ewiges Bündnis mit ihr (120 v).

1232 wird zuerst vermeldet, daß der römische König Heinrich, der sich auf Seiten des Papstes geschlagen hatte, von seinem Vater Friedrich nach Sizilien verschickt und verwahrt wurde.

Im gleichen Jahr macht Kaiser Friedrich (II.) die Stadt Bern reichsfrei und setzt Freiherr Walther von Wädenswil als ersten Schultheiß ein (120 v).

Letztere Mitteilung ist wegen des Datums interessant: Tschudis Chronik (I, 7, 119) setzt das Ereignis ins Jahr 1223. – „Justinger" wird es später mit 1218 verbinden. – Die Berner Handfeste trägt danach die Jahrzahl 1218.

Doch auch bei Stumpf und nachher der Helvetischen Chronologie macht Friedrich II. 1218 eine Schweizer Stadt reichsunmittelbar; allerdings nicht Bern, sondern Zürich.

1240 werden Uri, Schwyz und Unterwalden durch Kaiser Friedrich II. als reichsunmittelbar erklärt (122 v).

Diese ältere Mitteilung entlarvt die Urkunde von Faenza als spätere Schöpfung.

Im Folgejahr 1241 bringt Gottfried von Habsburg und Freiburg den Bernern vor ihrer Stadt eine schwere Niederlage bei (123 r). – Doch schon 1243 schließen die beiden Städte ein neues Bündnis, das weiland Herzog Berchtold gestiftet habe (123 r). – 1275 hätten die Städte dieses bestätigt (133 r).

Jahrzahlen und Ortsangaben sind in der kleinen Schweizer Chronik noch nicht gefestigt. So wird die Absetzung von Friedrich II. ins Jahr 1244 – heute 1245 – angesetzt, und der Todesort des Kaisers ist Neapel (124 v) – heute Fiorentino in Apulien.

Wie in der Helvetischen Chronologie wird der Beginn des Freiheitskampfs der Waldstätte 1260 angesetzt. – Im Unterschied zu dem anderen Zeitregister bringt Stumpf auch Inhalte:

Schwyz und Unterwalden hätten in diesem Jahr ein erstes Mal den Adel aus ihren Ländern vertrieben. Zu Turm (Rothenthurm) am Sattel, zwischen Arth und Zug hätte man Landwehren angelegt. Auch der Turm zu Stansstad in Unterwalden sei damals errichtet worden (127 r).

1264 sei ein Komet mit einem langen Schweif fast drei Monate lang am Himmel gesehen worden (128 v).

Wie die Helvetische Chronologie – aber auch wie Sebastian Münster und Etterlin – vermeldet der Chronist, daß zu *Sempach im Aargau* eine edle Frau einen grausamen Löwen geboren habe. Jedoch meldet er eine Unsicherheit in der Datierung an: Neben 1278 gebe es auch die Jahrzahl 1284 (134 r).

Der numerologische Zusammenhang zwischen 1278 und 1284 weist auf die Zerstörung und den Wiederaufbau von Agaunum im Wallis, welche von der Helvetischen Chronologie genannt wird: Die beiden genannten Daten ergeben sich durch die Addition von 2 x 666 = 1332 zu den Jahrzahlen 54 AC und 48 AC.

Ebenfalls gleich wie die Helvetische Chronologie setzt Stumpf die Ruf-Geschichte in Bern, nämlich die Marterung eines Christenknaben durch Juden 1287 an, und die Belagerung der Stadt durch Kaiser Rudolf ins gleiche Jahr.

Im Folgejahr, am 5. Januar 1288 wird auch von dem Zweikampf zwischen einem Mann und einer Frau in Bern berichtet: *Das weyb gewan den kampff* (136 v).

Justinger und Franz Haffner wissen darüber hinaus, daß dieses Duell in der Matte stattfand. Und Haffner liefert auch eine Deutung des Ereignisses: Dies sei ein Vorzeichen gewesen, daß die noch schwache Stadt Bern den mächtigen und starken Adel besiegen werde.

Geschichtsanalytisch stellt die Episode des Zweikampfs in der Matte von Bern den Beginn eines trojanischen Krieges in Bern dar: Nach zehn Jahren, 1298, wird er zum Befreiungssieg der Stadt im Jammertal führen.

Aber wie die Helvetische Chronologie setzt die kleine Chronik von Stumpf die Schlacht am Donnerbühl ins Jahr 1291 (137 v): Bei den Bernern waren die Kyburger, die Aarberger und die Stadt Solothurn. Gegner seien die Herren von Savoyen, Neuenburg, Greyerz, von Thurn und der Bischof von Lausanne gewesen.

Die Chronik von Tschudi (I, 4, 216) wird wie Justinger das Ereignis ins Jahr 1298 versetzen.

Identisch wie die Helvetische Chronologie wird unter dem Jahr 1291 gemeldet, daß Kaiser Rudolf den Schwyzern ihre Freiheiten bestätigte. Er tat dies zu Baden im Aargau und nennt die Begünstigten freie Leute, niemandem als dem Reich unterworfen (137 v).

1298 hielt der neue Kaiser Albrecht I. einen Landtag in Winterthur ab, auf welchem er dem helvetischen Adel und den helvetischen Städten ihre Freiheiten bestätigte. Darauf belagerte er Zürich, zog aber wieder ab und nahm die Stadt gnädig wieder in den Reichsverband auf (140 v).

Ein schrecklicher Komet, der 1301 am Himmel erschienen ist, wird ausdrücklich als Vorbedeutung eines Blutvergießens in Flandern bezeichnet. – Gemeint ist damit die Niederlage des französischen Königs in der Sporenschlacht von Courtray (141 r).

Als wesentlicher Unterschied zur Helvetischen Chronologie setzt Stumpf die Befreiungsgeschichte der Eidgenossen ins Jahr 1314 und beschreibt diese auf vier Seiten (146 v ff.). Als Auslöser des Kampfes wird die Doppelwahl in Deutschland zwischen Friedrich und Ludwig gesehen. Diese habe in den helvetischen Reichsländern Uri, Schwyz und Unterwalden zu großer Zwietracht zwischen Reichsvögten und gemeinen Landsleuten geführt.

Bei der Schlacht bei Morgarten 1315 seien 50 Mann aus Zürich, die dem Habsburger Herzog zu Hilfe geeilt waren, an einer einzigen Stelle erschlagen worden (149 r).

Nach Morgarten hätten Uri, Schwyz und Unterwalden ihren ersten Bund am Zinstag nach Sankt Niklaus 1315 beschworen und verbrieft (149 r).

1331 habe Kaiser Ludwig die Stadt Zürich wegen Gehorsamsverweigerung in den Bann gesetzt. Die Pfaffen und Geistlichen verließen den Ort. Der Fluch dauerte 18 Jahre (154 v).

1332 versuchte der österreichische Adel in Luzern nächtens mehrere den Waldstätten wohlgesinnte Bürger zu ermorden. Als Reaktion schließt die Stadt einen ewigen Bund mit den inneren Orten (155 v).

Schon erwähnt wurde 1333 ein verheerender Wolkenbruch über Luzern. Dies geschah nach einer Niederlage der Städter bei Rotenburg (155 v f.).

Ebenfalls werden 1333 in Konstanz 9 Juden erschlagen, 6 ertränkt und 12 verbrannt. Als Grund wird angegeben, diese hätten versucht, *um etwas trotz den Christen zu beweisen* (155 v).

Schließlich wird nach Stumpf 1333, genau am 6. Juli, zu Bern mit dem Bau der Grossen Mauer oder Grundfeste – also der Münsterplattform - am Kirchhof vor der Aare in Bern begonnen (156 r).

Westschweizer Ortsnamen sind nicht die Stärke des Chronisten: Der Laupenkrieg 1339 beginnt nach ihm mit der Mitteilung, daß Kaiser Ludwig den Freiburgern erlaubt habe, die Stadt *Loupheim* an sich zu lösen, obwohl sie zuvor an die Berner verpfändet war: *Darmit strickt er beiden Stetten die haar zusamen* (158 v).

Die Berner werden überall angefochten. Je mehr sie nachgeben, desto mehr habe man von ihnen verlangt. Mit eidgenössischer Hilfe siegt Bern bei Laupen. Und im gleichen Jahr wird das Schloß *Burgenstein* von den Bernern verbrannt und Jordan von *Bürgenstein* darin erschossen (159 r).

Ein Ortsname wird also im gleichen Satz zweimal unterschiedlich geschrieben. Gemeint ist Burgistein im Gürbetal.

Justinger datiert die Eroberung der Burg, damit die Tat des Armbrustschützen Ryffli – ursprünglich *Vifli* - auf das Jahr 1340.

1340 erscheint ein schrecklicher Komet am Himmel, mit der Vorbedeutung einer blutigen Schlacht zwischen Frankreich und England (159 v). – Damit kann auf die Seeschlacht bei Sluys 1340 oder die Schlacht bei Crécy 1346 angespielt worden sein.

1349 habe eine grausame Pestilenz – also die große Pest - begonnen und während drei Jahren gewütet. An verschiedenen Orten kam es zu Judenverfolgungen. – Der Chronist anerkennt, daß viele Juden unschuldig gemartert wurden (162 v).

Im selben Jahr 1349 verbrennt sich ein getaufter Jude in Konstanz in seinem Haus: Er wolle lieber als frommer Jude sterben (162 v).

Eine ähnliche Selbstverbrennung fand in Esslingen im Zürichbiet statt: Juden jung und alt versammelten sich in ihrer Synagoge, die sie hernach anzündeten (163 r).

Detailliert wird die Zürcher Mordnacht an St. Matthäustag, dem 23. Februar 1350, und die anschließende Eroberung von Rapperswil erzählt (163 v).

Wie die Helvetische Chronologie wird unter dem Jahr 1351 - offensichtlich als eine Verdoppelung eines Ereignisses – vermeldet, wie die Basler mit ihrem Banner gegen das Schloß Blamont in der Freigrafschaft gezogen seien (164 v). – Bekanntlich gilt der Zug der Eidgenossen dorthin als Episode im Burgunderkrieg 1475.

1352 erscheint im Dezember ein Komet am Himmel. Ein starker Wind folgte. Ein feuriger Balken fiel wie eine Fackel aus den Lüften (166 v).

Die Geschichte der beiden Einfälle der Gugler – hier Engelländer genannt – wird mit den Jahrzahlen 1365 und 1474 verbunden (171 r, 174 v).

Die Absurditäten dieses Ereigniskomplexes fallen auf: Beim ersten Mal wollte Herzog Leopold das 40'000 Mann starke Heer auf die Eidgenossen hetzen. Aber wegen der Rüstung des Reiches zogen die Eindringlinge ab. Trotzdem schickten die Eidgenossen Hilfstruppen nach Basel.

Beim zweiten Einfall der Gugler 1374 hätten die Eidgenossen Hilfe nach Breisach gesandt. Trotzdem dringt das fremde Heer in Helvetien ein.

Basel verbrennt in selbem Jahr die Schlösser Pfeffingen und Hasenburg.

Und in der genannten Stadt ereignet sich eine merkwürdige Kriminalgeschichte: Ein diebischer Küferknecht wird gehängt und nachher vom Galgen genommen. Bei der Grablege wird der Gerichtete wieder lebendig. Darauf ersticht der bestohlene Bürger den Nachrichter. Dieser wird in das für den Küfer bestimmte Grab gelegt (124 v).

1376 verlegt Papst Gregor den Papstsitz nach 70 Jahren wiederum nach Rom (176 r) – eine klare Anspielung oder Parallelität auf die im biblischen Buch Esra geschilderte babylonische Gefangenschaft der Juden und deren Rückkehr nach Jerusalem.

1388 sei Neuenstadt ins Burgrecht mit Bern aufgenommen worden (184 r). – Doch irrigerweise wird La Neuveville als am Neuenburgersee gelegen bezeichnet.

1399 wird die Stadt Bern erstmals mit Steinen besetzt.

1400 erschien in der Fastenzeit ein schrecklicher Komet am Himmel. Und im gleichen Jahr fand der Zweikampf zwischen Otto (III.) von Grandson und Gerold von Stäffis (Estavayer) in Bourg-en-Bresse statt (187 v).

Tschudi in seiner Chronik (I, 7, 599) verbindet das Duell mit der Jahrzahl 1399. – Justinger setzt das Ereignis ins Jahr 1398.

Wiederum wird ein Ortsname falsch wiedergegeben: 1414 hätten Bern und Solothurn das Städtchen *Wierlisbach* – statt *Wiedlisbach* – gekauft (194 v). – Ebenfalls wird unter der Jahrzahl 1449 gesagt, daß die Freiburger gen *Digisberg* (Riggisberg? Rüeggisberg?) und Grasburg geraubt hätten (218 v).

Das Jahr 1444 beansprucht in Stumpfs kleiner Chronik sieben Seiten (210 v ff.). – Besonders soll erwähnt werden, daß Ludwig, der Dauphin von Frankreich, mit großem Heer auf Basel gezogen sei, teils um das belagerte Zürich zu entsetzen, teils um das Konzil in Basel zu zerstören (213 v).

Die letztere Behauptung erscheint einzigartig im geschichtlichen Konzept des Alten Zürichkriegs.

Am 1. September 1448 gibt es am hellen Tag eine Sonnenfinsternis (218 v).

Nach der Eroberung Konstantinopels 1453 habe der Barfüßermönch Johann Capistran 1455 in Deutschland gegen die Türken gepredigt und Würfel-, Karten- und Brettspiele verbrannt (220 v).

1472 sieht man im Januar während 14 Tagen einen Kometen mit einem langen schwarzen Striemen am Himmel. Kaum war der eine verschwunden, zeigte sich ein anderer – ebenfalls mit einem feurigen Striemen (227 r f.).

Ich sehe das Datum dieser beiden Himmelserscheinungen als die Mittelkomponente eines Christus-Chronogramms: Die Summe der Quersummen der Jahrzahlen 1422 (Niederlage von Arbedo) – 1472 (zwei Kometen) und 1522 (Niederlage bei Bicocca) ergeben das Jesusalter 33.

Die Eroberung der Waadt durch die Eidgenossen 1475 wird als Vernichtungsfeldzug beschrieben. Deshalb töten sie in Stäffis (Estavayer-le-Lac) 1000 Leute, brandschatzen Lausanne und verbrennen Vivis (Vevey) und Turris (La Tour-de-Peilz). Sogar das gewaltige Genf habe den Eidgenossen die Schlüssel der Stadt entgegengetragen (231 r).

Ende 1476 kenterte zu Basel ein mit 400 Knechten überladenes Schiff. 100 ertranken. Eine gemeine Metze schwamm davon. Das war am Donnerstag vor Weibernacht (233 v).

Man ist nicht sicher, ob dieses Unglück eine Beziehung hat zu den Burgunderkriegen.

1481 werden Freiburg und Solothurn zu Stans in den eidgenössischen Bund aufgenommen. – Im gleichen Jahr verhinderte eine Unzeit das Reifen der Früchte, der Wein wurde sauer, und noch im Wintermonat hingen Kirschen an den Bäumen. Das führte im Folgejahr zu großer Teuerung, Hungersnot und Massensterben (236 r).

1485 wird eine Sonnenfinsternis am 12. März vermeldet (237).

1492 fiel in Ensisheim im Elsaß ein Stein mit dem Gewicht von einem Drittel eines Zentners unter großem Donnerknall (*donderklapff*) vom Himmel auf die Erde (240 v).

Zwölf Seiten beansprucht in der Chronik der Schwabenkrieg, *der große schwere Krieg* (249 v) zwischen Maximilian, dem Schwäbischen Bund und den Eidgenossen 1499.

Im August 1506 taucht ein schrecklicher Komet am Himmel auf. Dieser sei eine Vorbedeutung gewesen auf den Tod des spanischen Königs Philipp (253 v).

Unter dem Jahr 1511 wird von der *„gleychssnerey"* einer 40-jährigen Jungfrau Anna von Augsburg berichtet. Diese habe weder gegessen, noch getrunken, noch geschlafen, aber gehurt und Kaiser, Fürsten und Herren betrogen. Nachdem ihre Verbrechen ruchbar geworden waren, wurde sie zu Freiburg im Üchtland im Fluß ertränkt (256 r). – Ein Holzschnitt illustriert ihre Ertränkung.

Diese merkwürdige Begebenheit in Freiburg wird nachher nirgends mehr erwähnt. – Und später wird die Jahrzahl 1511 in jener Stadt mit der Affäre von François Arsent verbunden werden.

1512, im Jahr der Schlacht von Ravenna, zogen die Eidgenossen gegen *Dietrich Bern*, also nach Verona (257 r).

In der Marianer Schlacht von 1515, also in Marignano, habe der französische König 12'000 Mann verloren: *Also sauer ward ihm dieser Sieg* (259 v).

1517 habe es am Rheinstrom einen großen Hagel und als Folge schwere Schäden an Feldfrüchten mit anschließender Teuerung gegeben (260 v) – offenbar ein Zeichen der Natur für die in diesem Jahr begonnene Reformation von Luther.

Ebenfalls zerstört 1520 ein grausamer Hagel in Bern und Freiburg Dächer und Fenster (268 r).

Das letztere Naturereignis sehe ich in einer numerologischen Reihe: 1076 (Aufenthalt Hildebrands in Rüeggisberg – 1298 (Sieg der Berner im Jammertal) mit einem Intervall von jeweils 222 Jahren.

Bei der Schlacht von Bicocca 1522 wird Kritik an der Taktik der eidgenössischen Kriegsknechte geübt: Diese hätten es sträflich unterlassen, den Kaiserlichen in die Schanzen zu fallen. So liefen die Eidgenossen in die Geschütze, verloren den Streit und einen Grossteil ihrer besten Hauptleute (264 v).

Im Jahr der Plünderung Roms durch die Landsknechte unter Karl V. 1527 sei am 11. Oktober im Westen ein schreckliches Gestirn am Himmel gesehen worden (271 r). – Eine Abbildung ergänzt die Bedeutung der Erscheinung.

Das Reformationsjahr 1528 beansprucht in der Chronik sieben Seiten 271 v ff.).

Die Umwälzungen in der Kirche werden begleitet von einer großen Teuerung in Italien und in Helvetien, dann mit einem nassen und faulen Sommer, der sauren Wein brachte. Zudem wütete die Krankheit des englischen Schweißes, der einen Menschen innert 24 Stunden tötete. – Und am 16. Mai sah man in Zürich drei Sonnen mit drei Zirkeln (272 v).

Fazit des Jahres 1528 ist nach Stumpf, daß die Reformation in ganz Helvetien – vom Thurgau bis nach Genf – gleichzeitig stattfand.

1530 habe es in Rom einen *Meeresüberlauff* gegeben: Das Meer trieb den Tiber landeinwärts und habe die Stadt schwer verwüstet. – Auch in Holland und Seeland habe es große Überschwemmungen gegeben (275 v).

Läßt man das irreale Datum auf der Seite, so verbirgt sich hinter dieser Mitteilung vielleicht ein realer Kern: Die ältesten neuzeitlichen Abbildung von Rom durch den holländischen Künstler Maarten van Heemskerck zeigen tatsächlich eine Stadt, die offenbar gerade eine schwere Flutkatastrophe erlebt hatte.

Die helvetischen Ereignisse des Jahres 1531, also vor allem die Schlacht von Kappel und auf dem Gubel bei Menzingen, beanspruchen in Stumpfs kleiner Chronik vier Seiten (276 r ff.).

1532 verordnet Kaiser Karl V. seinem Reich einen Religionsfrieden. Und ein Komet mit einem langen Schweif erscheint im September und Oktober am Himmel (278 v).

Basilius der Grosse mußte besonders in der Reformationszeit auch in der Natur gegenwärtig sein: Von Ende Juni bis in den August 1533 sieht man einen Komet mit einem langen Schwanz gegen Osten am Abendhimmel (279 r. – Das ist eine Himmelserscheinung, die sich nur auf die Geburt des oströmischen Kirchenvaters 1000 Jahre vorher, 333 AD beziehen kann.

1536 sind mehrere interessante Ereignisse vermeldet:

Da zieht Kaiser Karl (V.) gegen den französischen König und belagert Avignon. Aber eine Seuche dezimiert das kaiserliche Heer (181 r).

Bekanntlich sind im gleichen Jahr die Berner ins Waadtland eingefallen und haben Wiflisburg, das alte Aventicum – ebenfalls eine ehemalige Bischofstadt – erobert.

Die Parallelitäten liegen in den Ortsnamen (Avignon = Avenches, Aventicum) und in der Tatsache, daß die Eidgenossen zur gleichen Zeit den französischen König – nicht den Kaiser - durch die Entsendung von Truppen unterstützen – wie weiland während des Helvetieraufstandes unter Vitellius.

Ebenso merkwürdig nimmt sich die Geschichte eines Wilhelm Argent aus Freiburg im Üchtland aus. Als Feind Frankreichs nimmt dieser 1536 in der Nähe von Maienfeld (!) in Graubünden etliche Franzosen gefangen und führt sie ins Reich. Dank eidgenössischer Intervention kommen die Gefangenen frei.

Danach nahm der gleiche Wilhelm Argent mit mehreren Spießgesellen in Basel durch die Verräterei eines Schultheißen von Bellikon (!) drei Studenten aus Frankreich gefangen. Einer wird getötet, die beiden anderen nach Schwarzenberg ins Münstertal (!) abgeführt. Die Basler nehmen den ungetreuen Schultheißen gefangen und vierteilen ihn. Argent selbst wird bald darauf in Lothringen gefangen, dem König von Frankreich überstellt und gerichtet (281 v).

Hinter diesem *Wilhelm Argent* verbirgt sich sicher der Freiburger Schultheiß *François Arsent*, der 1511 in einem außergewöhnlichen Prozeß von seinem Gegner Peter Falk gerichtet wurde.

Aber unerklärlich ist die Abänderung des Namens, die Verschiebung des Datums und der Schauplätze. – Sicher scheint nur, daß die Affäre Arsent *nach* Stumpf konstruiert wurde.

Unter dem Jahr 1544 wird eine oberitalienische Angelegenheit vermeldet: Dort hätten die Franzosen mit den eidgenössischen Landsknechten gegen den spanischen Statthalter von Mailand, den Marchese del Guasto bei *Cariona* im Piemont gesiegt.

In den späteren Geschichtsbüchern aber sind die Franzosen unterlegen; und das Gefecht hätte bei *Cerisola* stattgefunden. – Allerdings mußten die Unterlegenen nachher auch *Carignano* räumen.

Als letzte Mitteilung wird in der kleinen Schweizer Chronik der Schmalkaldische Bund und Krieg von 1546 aufgeführt (285 v).

## Zur *Chronologia Helvetica* von Schweizer (Suicerus, Suizerus)

Das lateinisch geschriebene Werk wird einem Johann Heinrich Schweizer oder Schweitzer oder lateinisch Suicerus aus Rickenbach im Zürichgau zugeschrieben. Ich habe es zuerst im *Thesaurus historiae Helveticae* entdeckt.

Der *Thesaurus* in ein ausschließlich aus lateinischen Texten bestehender Sammelband im Folio-Format und soll 1735 in Zürich bei Orelli herausgekommen sein. Enthalten sind darin in der Reihenfolge die Chronik des Johannes von Winterthur, der Schwabenkrieg des Willibald Pirckheimer, der Dialog über den Ursprung und den Namen der Schweizer von Felix Hämmerli, die Beschreibung Helvetiens von Heinrich Loriti (Glareanus), samt einem Kommentar von Oswald Myconius; dann von Josias Simler die Beschreibung des Wallis, ebenfalls von ihm sein Kommentar über die Alpen und sein Werk über die Schweizerische Eidgenossenschaft (*De republica Helvetiorum*).

Es folgen die zwei Werke von Franz Guillimann über die Eidgenossenschaft (*De rebus Helvetiorum*) und über die Habsburger (*Habsburgiaca*). Nach dem Zeitregister von Schweizer kommt von Jean-Baptiste Plantin dessen alte und neue Eidgenossenschaft (*Helvetia antiqua et nova*) und schließlich von einem Peregrinus Simplicius Amerinus eine Darstellung des eidgenössischen Bürgerkriegs (*Bellum civile helveticum*) von 1656. - Als Autor hinter dem Pseudonym des letzteren Werkes wird ein Stadtschreiber Walther Schnorf aus Baden vermutet.

Jedes darin aufgeführte Werk hat eine eigene Seitenzählung.

Ein umfangreiches Vorwort (*Prolegomena*) und ein Gesamtindex (*Index unversalis*) leiten den Sammelband ein.

Bereits in meinen Untersuchungen über Guillimann habe ich an dem frühen Druckdatum von 1735 gezweifelt:

Die Schriftkultur, sowohl gedruckt wie handschriftlich, ist nach meiner Einschätzung erst in der zweiten Hälfte des 18. Jahrhunderts entstanden. Der Sammelband enthält meistens Werke, die bereits in Einzelausgaben erschienen sind. Alle wichtigen alten Chronisten und Geschichtsschreiber der Eidgenossenschaft scheinen zu dieser Zeit bekannt gewesen zu sein. Besonders lag sicher auch schon das *Chronicon* von Aegidius Tschudi gedruckt vor. Letzteres kann ich mir erst in den späten 1760er Jahren vorstellen. – Man vergegenwärtige sich, daß die Druckausgabe der *Gallia Comata* von Tschudi das Datum 1758 trägt.

Auch wurde der *Thesaurus* – gleich wie Aegidius Tschudi – von Isaak Iselin studiert und verwertet. Dieser Gelehrte ist erst gegen 1770 glaubwürdig.

Aus diesen Gründen setze ich den *Thesaurus* in diese Zeit[1].

In der Ausgabe im *Thesaurus Historiae Helveticae* umfaßt die Helvetische Chronologie von Schweizer, Suicerus oder Suizerus 60 Seiten, als *synoptisches Tabellenwerk*[2] von großer Übersichtlichkeit.

Die Helvetische Chronologie soll schon viel früher als eigenes Werk gedruckt worden sein. Die Oktav-Ausgabe mit dem Druckort und Druckjahr „Hanoviae (Hanau) 1607" enthält gegenüber der Thesaurus-Ausgabe noch eine *Series omnium ponficum, imperatorum regum & principum potentissimorum orbis christiani, nec non Turcorum imperatorum successis*, also Regententafeln von allen europäischen Ländern sowie der Türkei. – Ferner gibt es einen Index.

Die bloße Aufzählung von Herrscherreihen hat die Herausgeber des *Thesaurus* wohl bewogen, die *Series* in dieser Ausgabe wegzulassen.

Immerhin soll eine Aussage am Anfang der osmanischen Herrscherliste festgehalten werden: Mohammed wird dort als Pseudoprophet und Verführer der Welt bezeichnet[3].

Es ist schwer, für Schweizers Regententafeln Vorbilder zu finden. Sogar zu den *Rationum temporum* des Denis Pétau (Dionysius Petavius) gibt es Unterschiede.

Hoch interessant ist eine Einzelheit beim dritten genannten Ereignis, der Gründung Zürichs. Dort wird neben der Weltalterdatierung (1980), der Datierung vor Christi Geburt (1990) das Datum vor der Gründung Roms nicht mit vier arabischen Zahlen, sondern wie folgt angegeben: **i238**.

---

[1] Vgl. Pfister: *Freiburger Historiographie*, 83 ff.
[2] Feller/Bonjour, I, 407
[3] *Chronologia Helvetica*, Hanoviae 1607, 165: *Mahometus pseudopropheta & mundi seductor.*

Die Wissenschaft der alten Chronologie hat bisher noch kaum von dieser merkwürdigen Art der Datumsangabe mit einem meist in Minuskel – seltener in Majuskel – geschriebenen und der dreistelligen Zahl vorangestellten J oder I Kenntnis genommen[1]. Hier bei der Helvetischen Chronologie kann der Buchstabe als Zahl 1 interpretiert werden. – Doch ist dies nicht immer der Fall.

Vor allem ist festzuhalten, wie sich in den *Series* verschiedene antike und hochmittelalterliche Herrscherdaten gegenüber den späteren unterscheiden.

Wie bei Stumpf sind bei der Helvetischen Chronologie Übernahmen von Hartmann Schedel und Sebastian Münster festzustellen, besonders bei den Himmelsereignissen und Kuriosa.

Die Chronologie von Schweizer beginnt mit dem Jahr 2314 AC und schließt mit dem Jahr 1607 AD.

Das Zeitregister ist in zwei Teile gegliedert. Der erste Teil bis Seite 26 nennt 1256 AD als letzte Jahrzahl, der zweite Teil hat als Untertitel *De Alemanniae ducatu* und beginnt mit 1250.

Das Werk ist klar auf Helvetien ausgerichtet. Deshalb nimmt die Zeit bis Christi Geburt nur zwei Seiten ein, die Zeit danach bis zum Interregnum im 13. Jahrhundert 17 Seiten, aber mit nur wenigen Einträgen von helvetischen Angelegenheiten.

Bis Christus werden die Daten in Weltalterjahren, Jahren vor Christi Geburt und Jahren vor und nach der Gründung Roms angegeben. Danach gibt es nur noch Anno Domini-Jahrzahlen.

Ab Christi Geburt werden nach den Jahrzahlen die Namen der römischen Kaiser und ihre Regierungsjahre gegeben, ab der spätrömischen Zeit auch diejenigen der anderen gallischen und germanischen Herrscher. Dies führt im Frühmittelalter zu einer komplizierten Spaltenaufteilung. Man findet unter anderem Könige von Paris, Soissons, Könige der Bituriger, Alemannen, Burgunder und hernach Franken. Ab 844 werden die römischen Kaiser, die burgundischen Könige und die alemannischen Herzöge gegeben. Von der Mitte des 13. Jahrhunderts erscheinen die römisch-deutschen Herrscher und die Jahre ihrer Herrschaft allein.

---

[1] Behandelt wird dieses Phänomen bei: Fomenko, A.T. (2003): *History: Fiction or Science?* vol. 1; Paris – London – New York, 336 - 350

36

Wie in den anderen ältesten Chroniken, etwa der *Cosmographia* von Sebastian Münster, weichen die Regierungszeiten der römischen Kaiser von den nachher festgelegten Daten ab. – Der plinianische Vesuvausbruch wird zwar weder von Stumpf noch von Schweizer genannt. Aber ursprünglich war der Thronwechsel zwischen Vespasian und Titus – damit das Pompeji-Ereignis - im Jahre 81 AD angesetzt[1].

Das Vorwort dieses Zeitregisters ist schon bei Feller/Bonjour beschrieben worden[2]. Deshalb soll hier nur angefügt werden, daß dieses unter anderem Erasmus und Sallust erwähnt und die Helvetier mit den Athenern und den Römern, aber auch mit den Assyrern, Persern und Makedonen vergleicht. Auf Seite 5 wird Johannes Stumpf erwähnt[3], auf der Folgeseite die schweizerischen Schützenfeste und auf der letzten Seite (7) Johannes Simler.

Ein Vergleich zwischen der kleinen Chronik von Johannes Stumpf und der Helvetischen Chronologie von Schweizer zeigt viele Gemeinsamkeiten und ein paar Unterschiede.

Vor allem ist in der Helvetischen Chronologie die Gründungsgeschichte der Eidgenossen von 1314 auf 1307/08 zurückgenommen worden. Damit nähert sich das Werk klar dem Umkreis von Aegidius Tschudi.

Die inhaltliche Ähnlichkeit zwischen Stumpf und Tschudi ist bekannt. Es wird gesagt, Tschudi hätte Stumpf bei der Abfassung von dessen Schweizerchronik unterstützt[4].

Aber Schweizer zeigt in seinen Jahrzahlen einige Abweichungen von Tschudi. Wie Stumpf setzt er die Schlacht der Berner am Donnerbühl ins Jahr 1291[5], während das *Chronicon Helveticum[1]* das danach gängige Datum 1298 bringt.

---

[1] Münster: *Cosmographia*, I, 479

[2] Feller/Bonjour, I, 407

[3] Alle Seitenangaben für Schweizer beziehen sich auf die Ausgabe im *Thesaurus*.

[4] Stettler, Bernhard (2001): *Tschudi-Vademecum*. Annäherungen an Aegidius Tschudi und sein „Chronicon Helveticum", Basel, 23

[5] Das Datum 1291 für Donnerbühl bringt auch Josias Simler (*De republica Helvetiorum*, I, 21 (ed. *Thesaurus Historiae Helveticae*, op.cit.) und Johann Jakob Grasser (*Schweizerisches Heldenbuch*, 43). – Letzterer nennt aber auch schon die Schlacht im Jammertal 1298).

37

Die Helvetische Chronologie ist also jünger als das Zeitregister von Stumpf – allerdings wahrscheinlich nur ein paar Jahre.

Dann ist die Helvetische Chronologie als das Zeitregister aufzufassen, welches Aegidius Tschudi als Grundlage für seine monumentale Chronik diente.

Für diese Annahme gibt es neben den inhaltlichen Ähnlichkeiten auch zwei handfeste Hinweise.

Bei der Behandlung des Schwabenkrieges wird die Episode von einem Glarner Adeligen namens Tschudi erzählt. Dieser sei in Konstanz von einem österreichischen Angehörigen der Besatzung zum Duell herausgefordert worden und habe den Zweikampf gewonnen (50).

Chroniken geben öfters verschleierte, in scheinbar unbedeutende Einzelheiten versteckte Hinweise auf die wahre Autorschaft.

Dann gibt es noch einen bildlichen Zusammenhang zwischen der Helvetischen Chronologie und der Chronik von Aegidius Tschudi: Am Ende des ersten Bandes des *Chronicon Helveticum* findet sich als Schlußabbildung ein Blumenkorb (vergleiche die Abbildung auf dem Titelblatt).

Der gleiche Blumenkorb beschließt auch den Text der *Chronologia Helvetica* im *Thesaurus*.

Um so erstaunlicher ist, daß Bernhard Stettler, der sich 35 Jahre mit der Neuausgabe der Tschudi-Chronik befaßte, die Helvetische Chronologie nicht kennt, nirgends zitiert[2].

## Einzelheiten der *Chronologia Helvetica* von Schweizer (Suicerus)

Die Zeittafeln beginnen mit *Annus mundi* 1656, *Ante Christum natum* 2314 und *Ante conditionem Romae* 1562.

---

[1] Tschudi: *Chronicon*, op.cit. I, 3, 216
[2] Ein Verzeichnis der von Tschudi nachweislich benützten chronikalischen Quellen findet sich bei: Stettler, Bernhard (2001): *Tschudi-Vademecum*, op.cit., 79 – 84. - Der gleiche Forscher erläutert in einem sehr kurzen Kapitel in dem gleichen Werk (S. 19) die chronologischen Grundlagen von Tschudis Chronik.

Als erstes helvetisches Ereignis wird unter 1990 AC, *ante conditam Romam i238* und *anno mundi 1980* die Gründung des Kastells Turicum durch Turicus vermerkt (8).

Wie in anderen Chroniken wird auch hier das Alter von Trier hervorgehoben. Diese Stadt soll 2006 AC von Trebeta, einem Sohn von Ninus, gegründet worden sein. – Schon 20 Jahre später, also 1986 AC sei Solothurn entstanden (8).

Die Helvetier seien schon am Anfang in Kämpfe mit den Germanen verwickelt gewesen. Also habe Suevus, der rechtsrheinische König, die Ostschweiz bis zur Limmat besetzt und am jenseitigen Ufer wiederum das Kastell Turicum erbaut. So sei das spätere Zürich zu einer Einheit geworden (8).

Die Gründung Roms durch Romulus gab bekanntlich Anlaß für die *ante conditam Romae*-Datierung (8). Hier ist festzustellen, daß als Datum dafür ein Jahr 0 genommen wurde – was im Sinne einer fortlaufenden Jahrzählung eigentlich unmöglich ist.

Der Helvetier Elico sei 638 AC, zur Zeit des Königs Ancus Marcius nach Rom gekommen. Von dort habe er seinen Landsleuten Wein und Südfrüchte mitgebracht. Die Helvetier hätten darauf eine erste Expedition nach Italien gemacht und dafür die germanischen Gebiete, den *Eremus Helvetiorum* aufgegeben (8).

Um das Jahr 390 AC (*circa hunc annum*) wird die Begebenheit erzählt, daß Brennus, der Schwager von Siguinus (Siger), dem König von Besançon (Vesontio) die Helvetierstadt Aventicum erobert habe. – Zwei Jahre später, im Jahre 387 AC, seien die Helvetier unter Brennus nach Italien gezogen, hätten Clusium eingenommen und Rom geplündert und zerstört ((8).

231, 225 und 223 AC kam es zu kriegerischen Auseinandersetzungen zwischen den zisalpinen Galliern, vor allem den Bojern, mit den Römern. In allen drei Fällen kämpften helvetischen Söldnertruppen mit. Der Ausgang der Kämpfe verlief für die Gallier und Helvetier ungünstig (8 f.).

Diese Kriege der Gallier und Helvetier in Oberitalien lesen sich wie eine antike Präfiguration der Mailänder Kriege zu Beginn des 16. Jahrhunderts – und sind zweifellos auch in diesem Kontext zu sehen.

58 AC hätten die Helvetier einen Feldzug nach Gallien geplant, aber erst zwei Jahre später, also im Jahre 56 AC ausgeführt (9).

Im Sinne der alten historischen Numerologie ergibt die Verschiebung des Auszugs der Helvetier nach Gallien einen besseren Sinn: 56, das sind 666 Jahre nach der Zerstörung des Teilreiches Israel von Samaria 722 AC. – Mehrere Daten der Helvetier-Geschichte sind an den Untergang des samaritanischen Reiches geknüpft.

54 AC kommt es zu einem Krieg zwischen den Wallisern und dem römischen Heerführer Servius Galba. Dabei wird Agaunum (Saint-Maurice) zerstört, jedoch im Jahre 48 AC von Julius Caesar wieder aufgebaut (9).

Die Jahrzahl 54 AC scheint als ein numerologischer Ankerpunkt in der helvetischen Chronologie zu dienen: 333 Jahre vorher erobern die Gallier und Helvetier unter Brennus Rom. Und 111 Jahre nachher war der Helvetieraufstand unter Vitellius.

Im Jahre 44 AC sollen sich einige römische Adelige nach dem Bürgerkrieg zwischen Julius Caesar und Pompejus dem Grossen in den Waldstätten niedergelassen haben. – Als Quelle dafür werden helvetische Annalen genannt (9).

Die Jahrangaben bis weit ins Hochmittelalter weichen häufig von den heute bekannten Daten ab. Die Helvetische Chronologie gibt hier ein erstes Beispiel mit den Regierungsjahren von Julius Caesar. Dieser habe fünf Jahre als Alleinherrscher regiert, und zwar von 46 – 41 AC (9). – Die heutigen Daten für Caesar lauten auf vier Jahre unbeschränkter Herrschaft, von 48 bis 44 AC.

Am Ende von Seite 9 wird die Geburt Jesu vermerkt mit den Worten: *In fine XLI, et initio XLII. Anni Imperii Augusti, Dominus et Salvator noster Jesus Christus, aeternus Dei filius, natus est verus homo ex intemerata Virgine.*

Während der Helvetier-Aufstand heute gemeinhin auf das Jahr 69 AD angesetzt wird, trägt er – wie bei Stumpf – hier das Datum 71 AD. - Und es wird die logisch schwer verständliche Ergänzung angefügt, daß die Helvetier gleichzeitig auch Hilfskontingente zur Belagerung von Jerusalem geschickt hätten (10).

Ebenfalls finden sich die Regierungsjahre der Kaiser Vespasian und Titus um zwei Jahre nachverschoben: Vespasian 71 – 81, Titus 81 – 83.

Als chronologischer Ankerpunkt der Helvetischen Chronologie scheint das Datum des Martyriums der Thebäischen Legion im Wallis zu dienen. Ausdrücklich wird gesagt, daß dies unter Diokletian und im Jahre **291 AD** geschehen sei (10).

Bekanntlich wurden mittelalterliche Daten häufig aus der Antike genommen. Und fortgeführt wurden sie durch Zeiteinheiten wie 666 oder 450, also 30 mal die Römer- oder Indiktionszahl 15. - Die Gründung Berns 1191 beispielsweise ist also 2 x 450 Jahre nach dem Martyrium von Agaunum angesetzt (siehe Seite 126).

Mit der Zahl 300 AD ist ein zerstörerischer Einfall der Alemannen in Helvetien verbunden. Constantius Chlorus jedoch besiegt die Eindringlinge bei Vindonissa und baut die Städte wieder auf, Forum Tiberii (Zurzach) ganz sicher (*per certum*) (10).

Die Westschweiz wird 406 AD von den germanischen Burgundern und Nüchtländern (Nuichthones) besetzt (11).

Ein nächstes Mal fallen die Alemannen 440 AD in das benachbarte Gallien ein (11).

451 fällt der Hunnenkönig Attila mit großer Heeresmacht in Helvetien ein und zerstört alle Städte und Burgen, auch die gut befestigten: *Attila Hunnus infinito pene copiarum numero Helvetiam invadit, omnesque urbes et oppida, quantumvis munitissima, expugnat, diripit et diruit* (11).

Auch ein helvetisches Ereignis wird in diese Zeit gesetzt: Die Zürcher als Bewohner der Ostschweiz hätten das römische Joch abgeschüttelt und sich den Alemannen angeschlossen: *Tigurini Orientalem Helvetiam inhabitantes, pertaesi jugum Romani Imperii excutiunt et Alemannis se adjungunt* (11).

Nach dem alten historischen Konzept ist Helvetien nach dem gescheiterten Aufstand unter Vitellius (69 oder 71 AD) fortan geteilt. Also wird nach der Schlacht von Tolbiacum 499 AD zuerst die Ostschweiz dem Frankenreich einverleibt, die Westschweiz bleibt bei Burgund (12).

Der Name des St. Gotthard (Gotenhard)-Passes wird unter dem Datum 555 AD erklärt: *Gothi pulsi ex Italia in Helvetiis apud Uranios consident* (13).

615 AD erlebt Helvetien ein sonderbares Naturereignis: Der Thunersee wurde so heiß, daß die Fische darin vor Hitze starben (*Lacus Thunenis apud Helvetios incaluit adeo, ut pisces prae calore morerentur*) (15).

Die Aare und der Thunersee wurden in alten Zeiten als Grenze zwischen Burgund und der Ostschweiz angesehen. Also ist das oben genannte Ereignis als eine Vorbedeutung für einen im Jahr danach erfolgten Kriegszug der Ostschweizer gegen Kleinburgund zu verstehen. Dort hätten diese durch Mord und Plünderung gewütet (15).

634 AD wird das Bistum Vindonissa nach Konstanz verlegt (15).

658 AD wird das alemannische Helvetien von einem Krieg überzogen (15). – Aber es wird nicht gesagt von wem. – Durch Stumpf wissen wir, daß ein Konflikt zwischen den fränkischen Hausmeiern die Ursache war.

810 AD beschenkt Karl der Grosse alle Kirchen in Helvetien großzügig, besonders aber das Fraumünster in Zürich (18).

829 AD sollen die Helvetier der Urschweiz in Italien für den Kaiser große Taten vollbracht haben, indem sie dort die Sarazenen zurückdrängten: *Helvetii Suitenses, Subsilvanti et Haslenses in Italiam evocati, Saracenos Italiam infestantes et Romam diripientes, nefaria fuga Italiam delinquere cogunt. Quamobrem ab Imperatore libertate donati sunt* (18).

Die Begebenheit liest sich wie eine frühe Vorbedeutung von eidgenössischen Hilfestellungen für ausländische Könige. Anvisiert sind die Jahrzahlen 1278 und 1494.

Das adelige Frauenstift in Zürich, also das Fraumünsterstift, soll 862 gegründet und 878 geweiht worden sein (19). Dies sind Daten, die von den nachmals geschaffenen Jahrzahlen abweichen. – Guillimann ist der erste, der die Gründung 853 ansetzt und den vollständigen Urkundentext samt Vollzugsmonogramm wiedergibt.

920 AD wird mit Heinrich I. die *translatio imperii* zu den Deutschen angesetzt.

1033 soll der Kaiser (Konrad II.) Murten und Neuenburg belagert und hernach in Zürich überwintert haben. 1041 habe der Kaiser (Heinrich III.) dann Murten und Genf erobert (22).

Diese kaiserlichen Unternehmungen gegen Kleinburgund scheinen eine schwer zu erklärende Bedeutung gehabt zu haben.

Als nächste merkwürdige Naturbegebenheit wird 1090 erwähnt, wie fliegende Würmer in sehr großer Zahl in Helvetien herumgeschwirrt seien: *Vermiculi volantes in maxima quantitate per Helvetiam circumvolant* (23).

Schon im Hochmittelalter fällt die häufige Erwähnung von Ostschweizer Orten wie Zürich, St. Gallen, Diessenhofen und Stein am
Rhein auf, was den Schreiber in jene Region setzt.

Gewisse Ereignisse bedürfen einer nachträglichen Interpretation: So
wird unter 1137 oder 1138 vermerkt, daß Barbarossa Zürich erobert
und das dortige Kastell zerstört hätte (24).

Aber der genannte Herrscher war damals noch ein Kind. Nun wird
erklärt, daß es vor dem Kaiser Friedrich Barbarossa einen gleichna-
migen Herzog von Schwaben gegeben habe, der den gleichen italienischen Übernamen gehabt hätte.

Mit 1179 wird die Gründung von Freiburg und mit 1191 diejenige von
Bern vermerkt (25). Letztere Stadt habe sich 1221, da völlig allein
gelassen, dem Herzog von Savoyen ergeben: *Bernates omni auxilio
destituti Sabaudiae Comiti sese dedunt* (26).

Am Anfang des zweiten Teils der Helvetischen Chronologie wird in
einer geschichtschronologischen Klammer erklärt, wie sich Helvetien
zur alten Freiheit und Einheit zurückfand.

Die Teilung Helvetiens zwischen den Provinzen der Sequaner und
der Rhäter mit dem Fluß Reuss als Grenze sei unter Kaiser Vitellius
im Jahre 71 AD geschehen. So habe das Land während zwölf Jahrhunderten unter verschiedenen Herren und Herrschaften gestanden.

Auf diese Weise sei das befreite Helvetien zu einem Ganzen zu-
sammengewachsen:

*Foederis Helvetici pro libertate antiqua retinenda, causa fuerunt
Principes eorumque socii, qui post Friderici II tempora liberas civitates opprimere satagebant, eisque servitutem et exitium minitabantur*
(28).

Das Ergebnis ist bekannt. Die Orte erhoben sich. *Hoc modo universa
Helvetia in unam quasi Civitatem coaluit, ut ante et circa annos nativitatis Christi fuerat, priusquam per Vitellium Imperatorem divisa, ...*
(25).

Unter dem Jahr 1208 wird vermerkt, daß damals im Wallis ein Anschlag auf Herzog Berchtold verübt worden sei (25).

Die Jahrzahl 1208 kommt auch bei Justinger vor, der in seinem Werk
die Berner Handfeste mit diesem Datum versieht. Das deutet darauf
hin, daß man die Zähringer ursprünglich damals aussterben lassen
wollte.

Aber die Helvetische Chronologie nennt schon 1218 als Todesdatum von Berchtold V. von Zähringen. Allerdings hätte Friedrich II. darauf nicht die Berner, sondern die Zürcher in die Reichsunmittelbarkeit aufgenommen und mit anderen Vorrechten ausgestattet: *Fridericus II. cives Tigurinos in Imperii tutelam recepit, circa annum Christi MCCXVIII. multisque aliis privilegiis ornavit* (27).

1235 bekommen die Berner vom Grafen von Savoyen wegen ihrer Tapferkeit die Freiheit und die Reichsunmittelbarkeit zurück: *Bernates ob rem fortissime gestam a Sabaudo libertate donantur et Imperio Romano restituuntur* (26).

1240 verjagen die Zürcher den Klerus aus der Stadt (26).

Im Folgejahr 1241 belagert Gottfried von Habsburg Bern und plündert zwei Jahre später Brugg im Aargau (26).

1253 schließen die Zürcher einen ersten Bund mit den Urnern und Schwyzern (26).

Beim Interregnum wird eine chronologische Unsicherheit angemerkt: Dieses soll nach den einen 1250, nach den anderen 1254 begonnen und bis 1273 gedauert haben (29).

Zentral für die Helvetische Geschichtskonstruktion ist das Jahr 1260. Damals sollen die Befreiungskriege begonnen haben:

*In hunc annum incidit initium bellorum, quae Helvetii (hodie foederati die Eydgenossen) pro libertate tuenda adversus Nobilitatem gesserunt* (29).

Der 1273 zum römischen König gewählte Graf Rudolf von Habsburg soll vor seiner Wahl sieben Wochen lang Basel belagert haben. Als er die Nachricht von seiner Wahl bekam, habe er die Belagerung abgebrochen (29).

1278 seien in der Schlacht gegen den Böhmenkönig Ottokar fast hundert Reiter aus Zürich für Rudolf gefallen (30).

Im gleichen Jahr wird die abstruse Begebenheit vermerkt, wonach in Sempach eine adelige Frau einen Löwen geboren habe: *In oppido Sempach mulier nobilis leonem peperit* (30).

Ebenfalls abstrus oder unbedeutend mutet ein mit der Jahrzahl 1280 versehenes Ereignis in Zürich an: Ein Bäcker sei vom Stadtrat wegen irgendwelcher Übeltaten bestraft worden. Aus Rache habe dieser die ganze Stadt rechts der Limmat angezündet. Diese Begebenheit werde von *Kriegius* ins Jahr 1275 gesetzt (30).

Ein Kriegius – offenbar ein Chronist – ist unbekannt.

1287 vertrieben die Berner die Juden wegen begangener Verbrechen aus der Stadt. Die Vertriebenen hätten sich an das Reich gewandt. Darauf habe der Kaiser im gleichen Jahr zweimal die Stadt belagert, aber nicht eingenommen (30).

Hier wird die Geschichte von dem Mord der Juden an dem Christen-Knaben Ruf in Bern erzählt. Jedoch wurde die zweimalige Belagerung Berns nachher auf das Jahr 1288 verlegt.

1289 aber hätten die Österreicher unter Albrecht von Habsburg die Stadt erneut belagert. Trotz ihrer Unterlegenheit wäre es den Bernern aber gelungen, einen Ausfall zu machen, die vorher verlorene Fahne zurückzuerobern und die Österreicher in die Flucht zu schlagen (30).

Die nachherige Geschichtserzählung – etwa bei Justinger - nennt zwar ebenfalls den Ausfall der Berner. Dieser aber habe zur Niederlage und zur – ganzen oder teilweisen – Eroberung der Stadt geführt.

Der Befreiungskampf der Berner sei weitergegangen und habe 1291 in der Schlacht am Donnerbühl oder Dornbühl eine siegreiche Krönung gefunden:

*Bernates praelio* [sic!] *ad collem, qui de tonitru nominatur, Austriacis superiores fiunt, iisdem signa militaria decem eripiunt Belpiamque et Gerenstein arces solo aequant* (30).

Wie bei Stumpf wird hier die Befreiungsschlacht der Berner am Donnerbühl oder Dornbühl mit dem Jahr 1291 verbunden. Damit ist bewiesen, daß jene Jahrzahl zuerst eine Bedeutung für die Berner Geschichtserfindung hatte. Das ergibt sich auch daraus, daß die drei Jahrzahlen 1191, 1241 und 1291 zusammen ein Christus-Chronogramm ergeben (siehe Seite 126).

Trotzdem hat 1291 auch für die späteren Waldstätte eine Bedeutung. In diesem Jahr nämlich bestätigt der Kaiser, also Rudolf I., den Schwyzern ihre Vorrechte (*Imperator Suitiis privilegia sua confirmat*) (30).

Stumpf ergänzt darüber hinaus, daß der Kaiser diese Bestätigung in Baden im Aargau ausgestellt habe.

1294 wird vermeldet, daß die Zürcher nach einem Krieg mit dem österreichischen Präfekten einen Frieden und ein Bündnis geschlossen hätten (30).

1298 bestätigt König Albrecht zuerst in Winterthur dem Adel und den Städten ihre Vorrechte, belagert dann aber auf Eingebung des Adels während einiger Tage Zürich, nimmt die Stadt jedoch wieder ins Reich auf (31).

1303 bahnt sich ein Konflikt zwischen dem Kaiser und den Waldstätten an: *Imperator Uriis, Suitiis et Subsylvanis negat confirmationem privilegiorum, sperans se filiis suis principatum potentia eximium hoc modo comparaturum, si civitates libertate erepta, servire cogantur* (31).

Daraufhin wird auf einer halben Seite die Gründung des Bundes der Waldstätte beschrieben (31 f.). Sie beginnt mit den Worten: *In haec tempora et annos Imperii Alberti incidit historia foederis Helvetici ex occasione injuriam et tyrannidis, quam praefecti Austriaci apud Uranius et Undervaldios exercebant.*

Arnold von Melchthal und die Stauffacherin werden genannt, mit dem Datum 1307 auch Wilhelm Tell. – Der Burgenbruch der Waldstätte soll im Januar 1308 stattgefunden haben.

Albrecht I. habe nach Kenntnis dieser Ereignisse beschlossen, die Waldstätte zu bekriegen, sei aber dann bei Vindonissa getötet worden. Dessen Söhne hätten darauf viele Burgen zerstört (32).

Man weiß, daß Stumpf die Gründung der Schwurgenossenschaft der Waldstätte auf 1314 setzt. – Davon sind in der Helvetischen Chronologie Spuren übrig geblieben. Es wird erzählt, daß im Anschluß an die Doppelwahl in Deutschland in Helvetien eine große Zwietracht und Verbitterung der Geister (*maxima dissidia et animorum exacerbationes*) ausgebrochen sei (32).

Wie Justinger meldet auch die Helvetische Chronologie das Schiffsunglück auf der Aare bei Detligen 1311 als bedeutendes Ereignis: *In Arola fluvio paulo supra Bernam LXXII homines naufragio perierunt)* (32).

Im gleichen Jahr hatten die Berner das benachbarte Bremgarten zerstört, danach auch Balmegg und Münsingen (32).

1313 brach im Haus eines Juden in Konstanz Feuer aus. Da für ihn Sabbat war, wollte er den Brand nicht löschen. Deswegen brannte fast die ganze Stadt ab (32).

Im gleichen Jahr hätte man am Himmel drei Monde zur gleichen Zeit neben einem brennenden Kometen gesehen (32).

Die Niederlage des habsburgischen Herzogs Leopold am Morgarten wird mit dem heute gängigen Datum, dem 16. November 1315 vermeldet (33).

Nach der Schlacht hätten die drei Länder ihren ersten Bund schriftlich und mit einem Schwur erneuert:

*URII, SUITII et SUBSYLVANI foedus primum in literas referunt et iuramento confirmant, in die Nicolao sacro* (32).

Laupen geht 1308 ans Reich über (32) und wird 1324 mit Einwilligung des Kaisers von Bern zurückgekauft (33).

Im gleichen Jahr 1324 wird das merkwürdige Faktum vermerkt, wonach die Berner und Freiburger gemeinsam Illens und Arconciel erobert hätten (33).

Diese Begebenheit figuriert in den Geschichtsbüchern sonst nur als Episode der eidgenössischen Eroberung der Waadt 1475 während der Burgunderkriege. – Man muß hier eine bewußte Verdoppelung eines Ereignisses annehmen.

Im Jahre 1332 gab es eine geheime Verschwörung in Luzern:

*Occulta conspiratio adversus LUCERNATES causa fuit sanciendi foederis cum Uriis, Suitiis et Subsylvanis* (34).

Die Luzerner Mordnacht wird seit Aegidius Tschudi mit dem Jahr 1333 verbunden.

Im letztgenannten Jahr erleiden die Luzerner eine Niederlage bei Rotenburg. Und die Zürcher, Berner und Basler zerstören mit Hilfe der Straßburger die Feste Schwanau (34).

Bern zieht sich die Feindschaft des Adels zu. Es kommt zum Krieg. Als erstes verbrennen die Berner die Burg *Korberg* (34.

Bei letzterem Burgennamen liegt ein Schreibfehler vor, denn sowohl Stumpf wie Tschudi kennen die Festung bei Rohrbach im Oberaargau als *Rorberg*.

Der Laupenkrieg wird wie folgt erzählt:

Der Kaiser erlaubte den Freiburgern, Laupen von den Bernern zu erwerben. Letztere stimmen zu, weil sie von allen Seiten von Feinden umgeben waren, aber vergeblich. Deshalb besetzen die Berner das Simmental, belagern Aarberg und erringen bei Laupen einen außergewöhnlichen Sieg (*insignem victoriam*). Nachher verbrennen sie die Festung Burgistein, belagern Thun und besiegen die Freiburger am Schönenberg (34).

Der Schreiber der Helvetischen Chronologie als Ostschweizer hat ein zweites Mal Mühe mit der richtigen Schreibweise von Ortsnamen in den westlichen Landesteilen:

Mit der Jahrzahl 1343 wird vermerkt: *Bernates ob quosdam suorum a Friburgensibus trucidatos* **Schwarzenbach**, *Valeram et Gugisperg comburunt* (34).

Ganz offensichtlich sind hier die Orte *Schwarzenburg*, Wahlern und Guggisberg gemeint.

Wie schon vorher bei Illens und Arconciel, so gibt es auch danach eine rätselhafte Präfiguration oder Verdoppelung eines Ereignisses:

Bei der Jahrzahl 1351 steht, daß die Basler Blamont belagert hätten (35).

Die Festung Blamont, westlich der Ajoie, wurde nach den späteren Chroniken zu Beginn der Burgunderkriege, 1475 von den Eidgenossen belagert und schließlich eingenommen.

Ebenfalls im Jahre 1351 schließen die Zürcher ihren Bund mit den Waldstätten. Dabei kommt es zu einem Krieg mit Herzog Albrecht von Habsburg. Der Verlauf des Konfliktes zeigt dabei Ähnlichkeiten mit der Laupen-Geschichte: Vergebliche Belagerung von Zürich und siegreiches Gefecht bei Dättwil, wobei die Zürcher sechs Fahnen erbeuten (35).

1363 war der Winter so streng, daß der Zürichsee zufror. Die Enten und anderen Vögel drangen deshalb in die Gassen Zürichs ein und bettelten bei den öffentlichen Brunnen um Futter (36).

1366 schickten Zürich, Bern, Luzern und Solothurn Hilfstruppen nach Basel gegen die im Elsaß eingefallenen Engländer (37).

Mit dieser Meldung kündigen sich die Guglerkriege an. Deren erster Einfall ins Elsaß wird aber seit Aegidius Tschudi auf 1365, der Einfall in die Eidgenossenschaft auf 1375 angesetzt. – Doch in der Helvetischen Chronologie stehen 1366 und 1374 als Daten (36 f.).

Herzog Leopold war es, der 80'000 Engländer nach Helvetien rief. – Trotz der Niederlage der Gugler soll der Österreicher in Basel 1376 Bacchanalien (!) gefeiert haben. Dabei seien einige Adelige aus Leopolds Umgebung getötet worden. Die Missetäter wurden darauf zum Tode verurteilt (37).

1386 kündigt sich der Sempacher Krieg mit folgendem Ereignis an: Die Österreicher nehmen Rychensee ein, töten 200 Helvetier und bringen die übrigen Einwohner beiderlei Geschlechts um, indem sie sie mit dem Städtchen verbrennen. – Deshalb wird die *Austriacorum perfidia* beklagt (38).

Wieder kommt eine Verdoppelung vor: 1386 wird Pyrenestica, also Büren an der Aare, durch Feuer vernichtet. – Aber 1388 geschieht das Gleiche, allerdings als Folge einer Eroberung durch die Berner (38).

Die Eroberung des Aargaus durch die Eidgenossen ist ein kapitales Ereignis für die alte Chronistik. Deshalb wird sie auch hier ausführlich wiedergegeben (41).

Nicht nur Jan Hus wird 1415 als Häretiker verbrannt, sondern im Folgejahr auch Hieronymus von Prag (41).

Der Kauf von Bellinzona durch die Waldstätte 1422 und der nachfolgende Kampf, der 900 Mailändern und 375 Eidgenossen das Leben kostete, wird erwähnt (42).

1433 wütete die Pest in Zürich und raffte in kurzer Zeit 3000 Menschen dahin (42).

1438 war ein Jahr mit großer Teuerung (43).

Ausführlich werden die Jahre 1443 und 1444 - die Zeit des Alten Zürichkrieges – wiedergegeben.

Besondere Erwähnung verdient die Mitteilung über die Mordtat von Greifensee 1444: 61 Verteidiger des Städtchen seien dort *contra mores Helveticorum* geköpft worden (43).

Ausdrücklich wird gesagt, daß der französische Thronfolger (*Ludovicus Gallus*) mit seinem Heer an Basel vorbei gezogen sei und sich dort an der Birs eine Schlacht mit den Eidgenossen geliefert habe 44).

Im 15. Jahrhundert ist in der Helvetischen Chronologie jedes Jahr mit einem Ereignis besetzt, außer 1472.

Die Mitteilungen über die Burgunderkriege sind relativ ausführlich erzählt, mit nur wenigen besonderen Einzelheiten.

Zu erwähnen ist vielleicht, daß 1476 300 Mailänder (*Insubri*) dem Burgunderherzog nach Murten zu Hilfe geeilt seien. Doch wurden sie vorher von den Wallisern niedergemetzelt (47 f.).

1485 soll die Sonne nur mit halber Kraft geschienen haben (48).

1492 fiel bei Ensisheim im Elsaß unter großem Getöse und halbwegs leuchtend, ein großer 280 Pfund schwerer metallener Stein vom Himmel auf einen Acker (49).

Kahn-Unfälle *(naufragia)* waren in der alten Eidgenossenschaft häufig: Solche werden unter anderem vermerkt 1435 in Baden, 1453 in Rheinfelden und 1570 auf dem Walensee.

Seit 1444 und seit den Burgunderkriegen wird häufig vom französischen König und seinen Beziehungen zu den Eidgenossen gesprochen. Der Herrscher wird dabei häufig nur *rex Francorum* oder *Gallus* genannt.

1494 besetzt der französische König Karl mit 8000 Eidgenossen Rom. Im Folgejahr 1495 werden die meisten in Neapel durch die französische Krankheit dahingerafft. Nur 148 kehrten heim. Diese Seuche sei von den Spaniern aus Westindien zu den Deutschen und Eidgenossen gelangt und habe deshalb viele Namen bekommen: bei den Spaniern die indische, bei den Franzosen die neapolitanische, bei den Italienern die französische Seuche (49).

1494 ergibt mit der – in der Helvetischen Chronologie nicht erwähnten – Eroberung Roms 1527, dem Sacco di Roma, ein Christus-Chronogramm, das sicher auch Bezug nimmt auf die Rom-Eroberung 829 AD (siehe Seite 127).

Der Schwabenkrieg 1499 beweist seine Wichtigkeit in der alten Chronistik dadurch, daß er hier anderthalb Seiten beansprucht.

Als interessante Einzelheit wird in diesem Konflikt vermerkt: In Konstanz fordert ein österreichisches Besatzungsmitglied einen adeligen Glarner namens Tschudi heraus. Dieser siegt in dem Zweikampf (50).

Alte Chroniken sprechen häufig nicht Klartext. Allerdings geben sie mehr oder weniger versteckte Hinweise auf Autoren und wahre Begebenheiten. – In diesem Falle findet sich eine Anspielung dafür, daß der Kreis um Tschudi hinter der Helvetischen Chronologie steckt.

Die Mailänder Kriege werden in gewohntem Sinne wiedergegeben: 1510 schließt Papst Julius II. ein Bündnis mit den Eidgenossen, und 1512 siegt der französische König in der Schlacht bei Ravenna, wo auf beiden Seiten Söldner aus Helvetien kämpften (52).

Nach dem Sieg bei Novara, dem Zug nach Dijon, kam es zur Marianer Schlacht, also der Niederlage von Marignano. Bei dieser wird am Schluß Folgendes gesagt, wobei sogar ein Zitat aus Vergils *Aeneis* einfließt:

*Tam cruenta Rex [Francorum] parta victoria, Helvetios postea aegerrime magna auri vi placuit: Tantae molis erat Montanam vincere gentem* (52).

Die Reformation in Helvetien fängt an den Kalenden des Januars 1519 an, als Zwingli aus Wildhaus (*Domo Sylvestri*) in Zürich beginnt, gegen den Papst und die römische Kirche zu predigen (53).

Der heute Wildhaus genannte Ort hat also ursprünglich *Waldhaus* geheißen.

Bei der Niederlage der Eidgenossen von Bicocca wird vermerkt, daß dort keine Zürcher anwesend waren (53).

Sicher als eine Vorbedeutung der Glaubensspaltung ist die Himmelserscheinung vom 2. Mai 1524 zu deuten: Damals sah man drei Sonnen und ebenso viele Halos (*irides cum dimidia*) am Firmament (53). – Die gleiche Erscheinung wird auch unter dem Jahr 1528 vermerkt (*soles 3 totidem halones coelo sunt visi*) (54).

Die Reformation wird nach der Helvetischen Chronologie sowohl in Zürich, Bern und Genf zeitgleich, nämlich 1528 eingeführt (54).

1529 wütet eine todbringende Pestkrankheit (*morbus sudoris pestiferi*) in Helvetien und Germanien. – Aber deren Ursprung reiche weiter, nämlich nach England zurück:

*Ea lues contagiosa prius incognita anno 1486 Angliam invasit, unde vulgo morbus Anglicus dicta est* (54).

Die Helvetische Chronologie schließt mit dem Jahr 1607. Dort wird vermerkt: *Quarta proditio urbi Genevensium intentata a Sabaudis detegitur* (60). – Damit wird auf die Escalade von Genf angespielt.

Doch Genf wurde bereits 1530 ein erstes Mal von den Savoyern bedrängt:

1530 habe der savoyische Adel in der Nähe von Genf beschlossen, die Stadt zu vernichten. Ihr gemeinsames Zeichen sei ein Löffel (*cochlear*) gewesen. Deshalb nannte man ihn den Löffelbund. Aber die Eidgenossen intervenierten. Durch einen Frieden in Payerne wurde der Krieg beendet (54).

Den zweiten Versuch der Einnahme Genfs unternehmen die Savoyer 1535.

1531 siegen die Inneren Orte über Zürich bei Kappel am Albis, aber danach auch am Zugerberg – was die späteren Geschichtsdarstellungen häufig weglassen (54).

Ebenfalls 1533 hätten Solothurn, Freiburg, die fünf Inneren Orte und Wallis einen Sonderbund geschlossen.

Im November 1534 wird im Thurgau ein Erdbeben verspürt; im Dezember erschütterten drei aufeinanderfolgende Erdstösse Basel und richteten dort große Schäden an (55).

1536 erobern die Berner das Waadtland, weil der Herzog von Savoyen ein Friedensangebot abgelehnt hatte. Gleichzeitig schicken die Eidgenossen Hilfstruppen zum französischen König gegen den deutschen Kaiser, der Marseille belagerte (55).

Geschichtsanalytisch ist die Eroberung des Waadtlandes mit Aventicum, das in der Landschaft Galiläa lag, als eine Parallelität zum Helvetieraufstand von 69 oder 71 AD zu sehen: Vespasian oder Titus erobern das Heilige Land. Die Helvetier senden trotz ihrer Bedrängnis Hilfstruppen an den Kaiser nach Jerusalem.

Die Wichtigkeit des Jahres 1536 wird durch einen Kometen unterstrichen, der im Mai am Himmel geleuchtet habe.

Eine Chronik sollte man auch nach den Ereignissen untersuchen, die nicht genannt werden.

Beispielsweise fehlt für das Jahr 1549 eine Erwähnung des Consensus Tigurinus. Dafür wird das absurde Naturereignis vermerkt, wonach man in Solothurn eine große Anzahl ungewöhnlicher Vögel gesehen habe (56).

Auch 1556 – zehn Jahre nach dem Beginn des Konzils von Trient – soll ein Komet während zwölf Nächten am Himmel gesehen worden sein (55).

Das 16. Jahrhundert ist besonders reich an himmlischen und irdischen Naturereignissen:

Also sollen 1571 ungewöhnliche klimatische Ereignisse unter Wein und Saaten großen Schaden angerichtet haben. Das führte zu großer Teuerung und Hungersnot. Der Preis eines Scheffels Getreide überschritt sechs deutsche Goldtaler (55).

Da die Eidgenossen durch den Glauben getrennt waren, kämpften Landsknechte teils auf Seiten des französischen Königs, teils auf Seiten der Fürsten. So wurde 1576 der Krieg durch einen Frieden beendet (57).

1582 versuchten die Savoyer zum dritten Mal, Genf durch Verrat einzunehmen. Aber die Verschwörung wurde aufgedeckt (57).

1589 kam es deswegen sogar zu einem Krieg zwischen Genf und den Eidgenossen gegen Savoyen. Diese Ereignisse beanspruchen eine halbe Seite (58).

1576 verwüstet ein fürchterliches Gewitter mit Donner, Wind und Hagel ganz Helvetien vom Leman bis zum Bodensee, vernichtet den größten Teil der Ernte und beschädigt Gebäude (57).

Numerologisch steht 1576 in einem Zusammenhang mit der Jahrzahl 1076, dem Beginn des Investiturstreits und dem kurzzeitigen Aufenthalt von Hildebrand – Gregor VII. im neugegründeten Kloster Rüeggisberg auf dem Längenberg südlich von Bern.

Der Gregorianische Kalender wurde 1582 eingeführt, offenbar unter großen Mühen für die Eidgenossen (*quod Helvetiis multum negotii facessit*) (57).

1584 war ein Jahr der Katastrophen (57):

Mitte Januar gab es ein furchtbares Gewitter wie im Sommer, mit Blitz, Regen und Donner.

Im Februar verspürte man ein Erdbeben, das vom Akronischen See (*ab Acronio lacu*) ausging, bis nach Paris.

Am Tage vor der Himmelfahrt Christi verwüstete ein Hagelschlag die Orte Zürich und Thurgau und sorgte für Not und Teuerung.

Am 8. September 1601 habe man einen zweimaligen Erdstoß in ganz Europa verspürt (59).

Ausführlich, nämlich mit 27 Zeilen, werden zwei Himmelserscheinungen 1602 und 1603 beschrieben.

Zuerst 1602:

*Junii mensis decima circa meridiem Chasma quoddam insolitum visum est per integram horam in meridionali plaga coeli.*

Dann 1603:

*Septimo Idus Septembris decima hora vespertina, ignea materia Draconis volantis et scintillantis, a meridie Septentrionem versus volare visa est* (59).

Als letzte eidgenössische Begebenheit wird unter der Jahrzahl 1606 ein lohnender kriegerischer Auszug aller Bundesgenossen im Auftrag des französischen Königs vermerkt:

*Omnes Helvetiorum pagi atque socii a Rege Gallorum evocati sub signis militarunt. Post sesquimensem amplo stipendio donati redeunt* (60).

## Weitere gedruckte Chroniken: Haffner, Grasser, Etterlin

Neben der kleinen Chronik von Stumpf und der Chronologie von Schweizer sind - wenigstens kursorisch - einige weitere gedruckte Schweizer Zeitbücher in ihren Datierungen der eidgenössischen Gründungsgeschichte zu betrachten. Diese verändern nicht die Folge von 1314 zu 1307/08, wie sie zwischen Stumpf und Tschudi festzustellen ist. Doch belegen sie, wie gewisse Jahrzahlen anfänglich oszillierten und wohl absichtlich unklar gehalten wurden.

Als drittes Zeitbuch neben Stumpf und Schweizer ist unbedingt auf die Solothurner Chronik von Franz Haffner (*Kleiner Solothurnischer Schaw-Platz/Historischer Weltgeschichten*) hinzuweisen[1].

Das Werk trägt das Druckdatum 1666 – was sicher einen christologischen Sinn hat. Der inhaltliche Vergleich zeigt eine größere Nähe zu Schweizer als zu Stumpf. Man kann Haffners Solothurner Schauplatz deshalb mit Fug und Recht zu den ältesten eidgenössischen Schriftzeugnissen rechnen; er gehört zur ersten Überlieferungsschicht.

---

[1] Vgl. über diesen Chronisten: Feller/Bonjour; I, 365 – 368.
Kläy, Heinz., *Die historiographische Haltung Franz Haffners*: in: Jahrbuch für Solothurnische Geschichte 27(1954) 76-106

Allerdings enthält Haffners Chronik auch viel Weltgeschichte. Eine umfassende Inhaltsangabe würde den Rahmen der vorliegenden Untersuchung sprengen. Doch der Solothurner Schauplatz stellt die Ereignisse nicht immer bloß nüchtern annalistisch und chronologisch dar. Häufig ergänzt und erklärt er Angaben von Stumpf und von Schweizer. Einzelheiten, die bei den anderen Chronisten zusammenhangslos und oft rätselhaft erscheinen, werden in Haffners umfangreichem Werk gedeutet.

Und gleichzeitig enthält der Solothurner Schauplatz wie die anderen frühen Chroniken auch Dinge, welche von späteren Geschichtsschreibern weggelassen und ignoriert wurden.

Die Verwandtschaft zwischen Schweizer (Suicerus) und Haffner ergibt sich aus dem Vergleich einer Vielzahl von Einzelheiten. Einige wenige sollen hier aufgezählt werden.

Es soll aber vorausgeschickt werden, daß bei Haffner viele Daten, besonders der antiken Geschichte, anders lauten. Der Solothurner Chronist nennt noch mehr als Stumpf und Schweizer Jahrzahlen, die bald darauf und heute anders lauten.

Beispielsweise soll Augustus 16 AD gestorben sein (112).

Kaiser Vespasian regiert von 71 – 81, Titus von 81 – 83 (120 f.)

Das Martyrium der Thebäischen Legion soll 288 AD stattgefunden haben (149) (Stumpf: 304 AD; Schweizer: 291 AD)

Alarich soll Rom 414 nach zweijähriger Belagerung erobert haben (177).

Mit dem Mittelalter werden Haffners Jahrzahlen zumeist identisch mit den nachmalig gebräuchlichen.

Wie Stumpf und Schweizer sagt Haffner zum Jahr 455, daß die aus Italien vertriebenen Goten zu dem Gebirge gekommen seien, das nachher Gotthard genannt wurde (I, 202).

Allerdings ergänzt der Chronist, daß sich auch vertriebene Hunnen in Uri angesiedelt hätten.

Gemäß der Helvetischen Chronologie vermeldet Haffner für das Jahr 815 das sonderbare Ereignis, wonach der Thunersee so heiß geworden sei, daß die Fische darin gesotten wurden (I, 207). – Im gleichen Jahr überzogen die alemannischen Helvetier Burgund mit Raub, Brand und Schaden.

Die gebratenen Fische im Thunersee scheinen die Vorbedeutung eines großen Unglücks für die Christenheit gewesen zu sein. Denn gleich darauf berichtet Haffner, wie die Juden ihre erste große Untreue gegen die Christen begangen hätten: Als die Perser Jerusalem eroberten, hätten die Juden den Persern 80'00 Christen abgekauft und mit teuflischer Bosheit grausam getötet (I, 207).

Schweizer wie Haffner erzählen, wie die Helvetier der Innerschweiz die Sarazenen in Italien zurückgedrängt und die Stadt Rom vor Verwüstung bewahrt hätten. – Während aber ersterer dies 829 ansetzt, so vermeldet der Solothurner die gleiche Begebenheit sowohl unter dem Jahr 828 wie 829 (I, 252 f.).

Im Jahre 1218 soll nicht nur Herzog Berchtold V. von Zähringen gestorben, sondern auch der spätere Kaiser Rudolf von Habsburg geboren worden sein. Zudem soll Zürich – und nicht wie später behauptet Bern – reichsunmittelbar geworden sein (I, 296).

Wörtlich übersetzt Haffner die Angabe von Schweizer zum Jahr 1221, wonach die Berner, da sie sich jeder Hilfe und jedes Beistandes beraubt sahen, dem Grafen von Savoyen ergaben (, 297).

Haffner erzählt wie Schweizer, daß die Zürcher um die Mitte des 13. Jahrhunderts ein erstes Bündnis mit Uri und Schwyz geschlossen hätten (I, 306), mit dem Unterschied, daß er dieses mit der Jahrzahl 1252 versieht, während der andere 1253 nennt.

Haffner erwähnt wie Schweizer, daß die drei Länder Uri, Schwyz und Unterwalden sich 1260 ein erstes Mal wider den Adel erhoben hätten. Und wie Stumpf in seiner kleinen Chronik ergänzt er, daß die Letzi am Sattel bei Rotenturm um diese Zeit errichtet wurde (I, 308).

Beide Chronisten vermelden für das Jahr 1280 wie ein bestrafter Bäcker in Zürich aus Rache die halbe Stadt angezündet habe (I, 313).

Stumpf, aber nicht Schweizer, erwähnt den Kampf zwischen einem Mann und einer Frau 1288 in der Matte in Bern.

Die Begebenheit in der Berner Matte schildert auch Haffner (I, 315). Der Chronist erklärt zusätzlich noch die Bedeutung jenes Ereignisses: Dieses sei ein Vorzeichen, daß die damals noch schwache Stadt dem mächtigen und starken Adel obsiegen werde.

Wie Stumpf und Schweizer so datiert auch Haffner die bernische Befreiungsschlacht am Donnerbühl auf das Jahr 1291 (I, 317).

56

Diese Auseinandersetzung vermeldet der Chronist schon eine Seite vorher (I, 316), nach der Mitteilung, wonach die Berner und Solothurner 1291 zum ersten Mal einen Bund geschlossen hätten.

Allerdings vermeldet der letztgenannte Chronist ein weiteres, nicht lokalisiertes, siegreiches Treffen der Berner mit den Freiburgern und den Grafen von Neuenburg und Greyerz im Jahr 1298 (I, 318). – Damit hat Haffner die Verlegung des Datums der Donnerbühl- oder Jammertal-Schlacht im Sinne von Justinger und Tschudi vorausgenommen.

Fast logisch ist, daß auch Haffner wie Schweizer und Stumpf am Anfang des Jahres 1291 von Kaiser Rudolf von Habsburg berichtet, daß er den Schwyzern ihre Freiheiten bestätigt habe (I, 316).

Über Rudolf von Habsburg spricht der Chronist nur Gutes (I, 311). – So soll der Kaiser schon 1278 dem Land Schweiz – man weiß nicht ob der Ort oder die Eidgenossenschaft gemeint ist – mit schönen Freiheiten bedacht haben (I, 315).

Haffner meldet die zweimalige Belagerung Berns durch Rudolf von Habsburg. Dessen Zorn habe sich dank Solothurner Hilfe besänftigt (I, 315).

Ebenfalls dank Solothurn habe Rudolf von Habsburg 1289 mit Hilfe auch anderer Bundesgenossen die Schlacht vor Byzanz (Besançon) in Burgund gewonnen (I, 316).

Viel wichtiger als die historischen Mitteilungen hält der Solothurner Chronist das Jahr 1291 für denkwürdig, weil damals das Geburtshaus des Jesus von Nazareth von Engeln aus Galiläa an den jetzigen Standort in Loreto bei Recanati getragen wurde (I, 316). Dieser Legende widmet der Verfasser 22 Zeilen.

Die Schwyzer Gründungsgeschichte (I, 322 f.) läßt der Solothurner Chronist 1307 mit Tells Weigerung den Hut Gesslers zu grüssen beginnen. Darauf folgte die Verschwörung der drei Helden der drei Länder, dann im folgenden Jahr – am 1. Januar 1308 - die offene Erhebung gegen die Tyrannei der Vögte.

Nach Haffner - und nach Schweizer und Stumpf - ist also 1308 das eigentliche Gründungsdatum der Schwyzer Eidgenossenschaft.

Interessant ist bei Haffner auch, daß Bern und Solothurn 1291 ein erstes Bündnis miteinander abschließen und dieses 1308 auf ewige Zeiten erneuern (I, 316, 330). – Man hat den Eindruck, als ob diese

Bündnisse und Daten die eidgenössische Gründungsgeschichte begleiten und ergänzen sollen.

Weil Haffner sicher Stumpf kannte, so wußte er zweifellos von dessen Gründungsdatum 1314 der Eidgenossenschaft. Der Chronist deutet das an, indem er sagt, die Doppelwahl in Deutschland habe dort, aber auch im Schweizerland, zu unbeschreiblichem Jammer, Krieg und Blutvergießen geführt (I, 333).

Den Bundesbrief von Brunnen gibt Haffner im ganzen Wortlaut wieder (I, 319).

Schweizer nennt für 1311, daß die Berner das benachbarte Städtchen Bremgarten zerstört hätten. Im gleichen Jahr soll ein Kahn auf der Aare bei Detligen am Frienisberg gekentert sein, wobei 72 Leute ertranken.

Haffner erwähnt ebenfalls die beiden Begebenheiten (I, 331). Doch setzt er diese ins Jahr 1309. Und beim Bootsunglück spricht er von 71 Opfern.

Auf der gleichen Seite wird von der schweren Hungersnot erzählt, welche das Land 1315 getroffen habe. Zur Erinnerung habe man damals das aus Zahlbuchstaben gebildete Wort CVCVLLVM geprägt.

Wie Schweizer vermeldet Haffner, daß die Eidgenossen nach der Schlacht bei Morgarten ihren Bund schriftlich verfaßten und besiegelten (I, 334).

Ebenfalls schreibt der Chronist für das Jahr 1324, wie die Berner mit Einwilligung des Kaisers das verpfändete Laupen auslösten und wie die Berner und Freiburger Illens und Arconciel zerstört hätten (I, 337).

Haffner erzählt wie Schweizer, daß der Zürichsee im Jahre 1363 zugefroren sei und die Enten und Vögel deshalb scharenweise in die Stadt kamen, um dort Futter zu suchen (I, 352 f.).

Bei der Gugler-Geschichte – wie bei Schweizer in das Jahr 1375 gesetzt - entschuldigt sich Haffner, daß er diese etwas ausführlicher dargestellt habe, weil bei dem Einfall viele Schlösser und Plätze zerstört worden seien (I, 358).

Haffner scheint dabei die Jahrzahlen verwechselt zu haben. Denn er setzt den Sieg der Eidgenossen über eine Gugler-Abteilung bei Ins in das Jahr 1374.

Als interessante Einzelheit sagt Haffner, daß man die Engelländer Gilgeler nannte; dies wegen ihrer angeblichen Herkunft aus Gallien (I, 358).

Für 1448 meldet Haffner einen Krieg zwischen Savoyen und Freiburg im Üchtland (I, 37)). – Jedoch gesteht er ein, daß er den Grund des Konflikts nicht kenne.

Nach Haffner hätten die Eidgenossen das Schloß Blamont nach der Schlacht bei Murten, am 9. August 1476, erobert und zerstört. - Allgemein wird jenes Ereignis in das Jahr 1475 gesetzt.

Genau wie Schweizer vermeldet Haffner 1492, wie bei Ensisheim im Elsaß ein schwerer eisenfarbener Stein vom Himmel gefallen und in der dortigen Kirche zum Gedächtnis aufbewahrt worden sei (I, 405).

Als letzte Begebenheit erwähnt Schweizer im Jahre 1607, wie damals ein vierter savoyischer Handstreich gegen Genf abgewehrt wurde.

Haffner meldet das Gleiche, setzt den Anschlag gegen Genf aber ins Jahr 1603 (I, 492).

Die angeführten Beispiele belegen, daß Haffners hauptsächliche Quellen für die antiken und mittelalterlichen helvetischen Begebenheiten Stumpf und Schweizer waren. – Sie beweisen auch die größere Verwandtschaft mit der Helvetischen Chronologie.

Und in wenigen Punkten erscheint Haffner neben Schweizer als zweiter Vorläufer von Tschudi. – Deutlich wird das etwa bei der neu eingeführten Datierung der eidgenössischen Bundesgründung 1307/08.

Ebenfalls bemerkenswert ist der Umstand, daß Haffner zwar den Berner Sieg am Donnerbühl bei der Jahrzahl 1291 beläßt, jedoch bereits ein gleichartiges siegreiches Treffen der Berner gegen die Feinde im Westen 1298 einführt. – Aber wir haben bereits andere Beispiele der chronologischen Inkonsequenz bei Haffner bemerkt.

Franz Haffner beweist letztlich, wie schon wenige Jahre nach der schriftlichen Festlegung der Schwyzer Geschichte diese in wichtigen inhaltlichen und chronologischen Einzelheiten verändert wurde.

Das Schweizerische Heldenbuch (*Schweitzerisch Helden-Buch*) von Johann Jakob Grasser (Basel „1625") ist als weitere gedruckte Chronik der ältesten Überlieferung anzusehen.

Grasser steht besonders Schweizer sehr nahe. Gewisse Ereignisse lesen sich wie eine Übersetzung aus dem Zeitbuch von Suicerus.

Wie die Helvetische Chronologie erwähnt Grasser zum Beispiel das Martyrium der Thebäischen Legion unter der Jahrzahl 291. Und wie schon erwähnt, nennt er die Befreiungsschlacht der Berner am Donnerbühl unter dem Datum 1291.

Doch wie bereits Haffner kennt Grasser einen zweiten Berner Befreiungskampf 1298, erstmals auch schon wie Justinger und die späteren Chronisten mit dem Ortsnamen Jammertal.

Mit Stumpf verbindet Grasser besonders die ursprüngliche Datierung der Bundesgründung 1314.

Im Sinne des Heldenbuchs bekommt Wilhelm Tell als erster Eidgenosse bei Grasser viel Platz.

Durch einen Vergleich zwischen Stumpf, Schweizer, Haffner, Grasser und Tschudi scheint in Ansätzen sogar eine Diskussion um die Konstruktion und die Datierung der eidgenössischen Bundesgründung durch.

Die Chronik (*Cronika von der loblichen Eydgenoschaft*) von Petermann Etterlin wird trotz des Druckdatums „1507" wohl zu Unrecht für die früheste gedruckte Schweizerchronik gehalten. Der Bilderschmuck stellt eindeutig eine Kompilation dar. Und die Anlehnungen an Justinger und das Weiße Buch sind bekannt.

Vor allem gibt Etterlin bei der Wiedergabe der eidgenössischen Gründungsgeschichte und der Tell-Legende keine Jahrzahlen. – Durch Vergleich mit datierten Ereignissen vor und nachher läßt sich erschließen, daß der Luzerner Chronist die Daten 1307/08 im Sinne hat.

Undatiert wie bei Etterlin ist die Gründungssage und Wilhelm Tell auch bei Melchior Russ[1]. – Dadurch ergibt sich eine Verwandtschaft zwischen den letzten beiden genannten Chroniken[2].

Zwischen Stumpf und Tschudi liegt offenbar nur eine kurze Zeitspanne.

---

[1] Vgl. dazu: Vonarburg Züllig, Maya: *Melchior Russ: Cronika*. Eine Luzerner Chronik aus der Zeit um 1482; Zürich 2009

[2] Zu dieser Verwandtschaft vgl.: Etterlin, Petermann: *Kronika*; in: Quellenwerk zur Entstehung der Schweizerischen Eidgenossenschaft, Abt. III, Bd. 3; Aargau 1965, 24, 32

# Einzelheiten der *Histoire de la confédération suisse* (1879/80) von Alexandre Daguet

Daguet beginnt sein zweibändiges Werk über die Geschichte des Schweizer Bundes mit einem Zitat aus Herodot (V, 16): Am See Prasias lebten die Päonier auf Pfahlbauten. – Seit 25 Jahren finde man in der Schweiz analoge Konstruktionen (I, 1).

Man erinnere sich, daß Daguet in Neuenburg Professor für Geschichte, Pädagogik und für den neuen Wissenszweig der Archäologie war.

Daguet behauptet, daß es ursprünglich keinen gemeinsamen Namen für Helvetien gegeben habe (I, 6), und daß Aventicum das Zentrum der keltischen Münzprägung gewesen sei. Dies bewiesen die Funde von Regenbogenschüsselchen (*petites coupes à l'arc-en-ciel*) (I, 11).

Ebenso belehrt der Autor den Leser, daß der Berner Bär kein Nationalsymbol, sondern das Totem-Tier der Artemis gewesen sei (I, 15. Anm. 3).

Unter den Römern seien die Handwerke zu Gilden und Zünften (*tribus, abbayes*) zusammengefaßt worden. – Hier stellt Daguet die chronologisch gewagte Behauptung auf, diese hätten sich ins Mittelalter hinüber gerettet (I, 26).

Ebenso fragwürdig behauptet der Historiker, die Helvetier hätten unter den Römern ihre ursprüngliche Energie, Individualität und Heimatliebe verloren (I, 29). – Diese moralischen Tugenden hätten sie auch unter der Herrschaft von Vespasian und seinen Nachfolgern nicht wieder erlangt.

Sogar in den römischen Inschriften – die meistens nach Mommsen zitiert werden - spüre man den Niedergang. Daguet spricht von einer *délicatesse athénienne*, die sich darin manifestiere (I, 33).

Immerhin meldet er Kritik an der Inschrift von Sion an, die angeblich aus dem Jahre 377 AD stammt. Diese sei *un curieux monument de la propagation de la foi chrétienne dans les Alpes* (I, 37).

Roms Größe und Untergang werden in einer kurzen, aber rhetorisch eindrucksvollen Art beschrieben (I, 34 ff.).

Für das Datum des Martyriums der Thebäischen Legion nennt Daguet die kontroversen Daten 285 und 302 (I, 37, Anm. 3).

Bereits bei den Burgundern kritisiert der Autor den Historiker Frédéric de Gingins-La Sarraz, der behauptete, die Burgunder hätten die Romandie in sieben Grafschaften oder Länder aufgeteilt (I, 42).

Die verschwommene Geschichte des Frühmittelalters gibt Daguet Gelegenheit, den Wert der historischen Legende zu verteidigen:

*La Légende, nous le répétons, n'est pas de l'histoire, mais elle la complète souvent et rend souvent mieux la physiognomie et la couleur d'une époque* (I, 53).

Als baugeschichtliche Einzelheit sei erwähnt, daß der Autor den Rundturm von Orbe nicht für burgundisch hält. Dieser stamme aus dem 12. Jahrhundert (I, 54).

Ausführlich geht Daguet auf die Entwicklung des Lehenswesens ein und zitiert dabei Von Arx, Zellweger, Hisely, Gingins-La Sarraz, Edouard Secrétan und Matile. Für Frankreich nennt er Guérard und sein *Polyptique d'Irminion* (I, 57, Anm. 2).

Als Grenze zwischen Romands und Alemannen hält der Autor das Flüßchen Chandon bei Payerne. – Und mit dem Jahr 610 wird ein Kriegszug der Ostschweizer Alemannen gegen die Westschweiz erwähnt. Es kam zur Schlacht von Wangen und zur Verheerung von Avenches (I, 65).

Daguet verhehlt nicht, wie schwierig es ist, das Helvetien unter Karl dem Grossen von den Quellen her zu fassen:

*Nos contrées eurent leur part de la gloire et des bienfaits du règne de Charlemagne. Mais cette part, il est difficile de la préciser en l'absence de documents authentiques et aussi à cause des nombreuses légendes qui obscurcissent cette histoire* (I, 73).

Urkunden werden bereits fleißig erwähnt und besprochen. Dabei werden die Register von Hidber, Moor und Pertz zitiert.

In der burgundischen Zeit und dem beginnenden deutschen Hochmittelalter verliert sich Daguet häufig in Einzelheiten.

Beispielsweise hält der Autor die Tour de la Moliére, die Tour Bertholo, den Turm von Moudon und die Tour de Gourze für rudolfinische Zeugnisse, die gegen die Sarazenen und die Ungarn gerichtet seien (I, 90).

Und die Sarazenen hätten in der Sprache und den Ortsnamen Helvetiens zahlreiche Zeugnisse hinterlassen: Creux des Sarrasins, Maurienne, Mauremont (I, 92, Anm. 1). – Aber die Aufspreizung der

Einfälle dieser fremden Eroberer auf über 200 Jahre fällt Daguet nicht auf (I, 91, Anm. 2).

Das Geschichtsbild des Mittelalters ist dabei konventionell. So sei nach Karl dem Grossen ein Grossteil Europas in das Dunkel der Geschichte zurückgefallen.

Umso mehr – *par un curieux contraste* – habe das Kloster St. Gallen – *cette oasis de la civilisation* - zu einem neuen Erwachen der Künste und Wissenschaften geführt (I, 95).

Der Gegensatz zwischen Hildebrand – Gregor VII. – *homme célèbre par sa vertu et son génie* – und Heinrich IV. – *prince dissolu et cruel* – wird scharf gezeichnet (I, 104).

Die Kreuzzüge bleiben bei Daguet ohne besonderen Kommentar. Statt dessen wird eine Anekdote über den Auszug der Greyerzer zum Ersten Kreuzzug erzählt (I, 107, Anm. 3).

Der Historiker bekennt sich an einer Stelle zur Urkundenkritik. Er kritisiert gefälschte geistliche Stiftungen des 11. und 12. Jahrhunderts und bezeichnet Frienisberg und Engelberg als eigentliche Fälscherklöster (I, 109). – Auch verschiedene Freiheitsbriefe von Städten im 13. Jahrhundert, zum Beispiel von Bern, seien gefälscht.

Mit dem letzten Hinweis wird auf den seit der Mitte des 19. Jahrhunderts dauernden Streit um die Echtheit der Berner Handfeste mit dem Datum 1218 angespielt.

Der Feudalismus hätte zu einem verstärkten Burgenbau, und die Kreuzzüge zur Entwicklung von Siegeln, Bannern und Wappen geführt, behauptet Daguet mit einem Zitat von Guillimann.

Doch unterdessen hätte es Fortschritte in der Befreiung der Alpen gegeben: *Malgré le prodigieux développement de la féodalité dans la haute Allemagne, l'émancipation des classes inférieures y avait fait des progrès* (I, 111).

Die Befreiung hätte die Waldstätte erfaßt, auch wenn der Name erst später aufkam. Diese Entwicklung begründet Daguet durch Urkunden.

Die Eidgenossenschaft sei das Ergebnis einer Vielzahl von meist befristeten Bündnissen:

*C'est de ces alliances, d'abord purement temporaires et plusieurs fois renouvelées et agrandies que devait sortir à la fin du XIII$^{ème}$ siècle la Confédération suisse* (I, 114).

63

Der Unabhängigkeitsgeist sei dabei zuerst spirituell begründet gewesen. Dabei verweist der Autor auf den Aufenthalt des Reformpredigers Arnold von Brescia in Zürich (I, 116).

Daguet entwirft hier eine Entwicklung, die von der Häresie zur Republik und Städtefreiheit geführt habe.

Der Forscher sieht die Gründung von Freiburg und Bern in konventioneller Weise als einen Gegensatz zwischen dem Adel und den Zähringern als Rektoren von Kleinburgund, wobei die Städter sich mit Waffen wehren mußten:

*Tant que dura la bâtisse, les ouvriers durent sans cesse avoir l'épée d'une main, la truelle de l'autre* (I, 119).

Trotzdem sie Städtegründer waren, sei das Aussterben der Zähringer ein Glücksfall gewesen: Diese hätten sich sonst zu einer Monarchie entwickelt und so den Keim der eidgenössischen Freiheit erstickt (I, 121).

Die Vorgänge des 13. Jahrhundert zeichnet Daguet in vielen Facetten nach. Dabei lassen sich in ungefähr folgende Aussagen gewinnen:

Der Historiker behauptet zuerst, daß die Ghibellinen in Oberdeutschland und die Waldstätte gemeinsame Interessen gehabt hätten, besonders zur Zeit des Interregnums.

Die Burgundische Eidgenossenschaft wird von Daguet erwähnt, wobei er anfügt, diese sei 1253 durch Luzern erweitert worden.

Die Rolle Peters II. von Savoyen, dem *Petit Charlemagne*, wird betont: Als Protektor von Burgund habe er bis zu den Burgunderkriegen die Herrschaftsverhältnisse bestimmt. Nur Bern habe sich bald davon befreien können.

Hier verfängt sich Daguet in der unsicheren Chronologie der Anfänge Berns und der Eidgenossen: Die Niederlage Berns gegen Gottfried von Habsburg setzt er ins Jahr 1271 – während die alten Chroniken 1241 nennen. – Dabei zitiert der Autor Karl Zeerleder und Alexander Ludwig von Wattenwyl, welche 1271 mit 1288 identifiziert hätten (I, 134, Anm. 2)[1].

---

[1] Die ältesten Chroniken, also Stumpf, Schweizer und Haffner datieren den Krieg Gottfrieds von Habsburg gegen Bern übereinstimmend ins Jahr 1241.

Rudolf von Habsburg habe als Kaiser die Städte gefördert und ihre Privilegien bestätigt. Dafür bekam er von den späteren Eidgenossen Hilfstruppen für seine kriegerischen Unternehmungen. – Doch gegen Schluß hätten sich sowohl Freiburg wie Bern der Oberherrschaft des Habsburgers zu entziehen gesucht. – Bern führte darob drei Befreiungskriege.

Besonders die Schwyzer hätten sich durch ihre Beteiligung an der Belagerung von Besançon durch Kaiser Rudolf vornehmlich Prestige erhofft (I, 111).

Diese Dinge sieht Daguet auf dem Hintergrund der Kreuzzüge, des Rittertums und der Turniere.

Für die Grausamkeit des Mittelalters nimmt der Historiker das Beispiel eines Heinrich von Freiburg im Üchtland: Dieser habe 1272 unbotmäßige Neuenburger bei lebendigem Leibe häuten lassen.

Deshalb das gespaltene, aber doch reichlich konventionelle Bild jener Epoche, welches Daguet zeichnet:

*La cruauté est un des traits distinctifs du moyen âge et fait contraste avec les fêtes brillantes et la riche poésie de cette époque chevaleresque* (I, 148).

Das kriegerische Mittelalter habe auch nicht vor den Alpen Halt gemacht: *L'esprit militaire semble s'être développé de bonne heure ches les peuplades des Alpes, ...* (I, 155).

Damit gelangt Daguet zum Bund der Eidgenossen (*compagnons du serment*) vom 1. August 1291 I, 159). - Für ihn ist dies das Gründungsjahr des Schwyzer Bundes, das ältere Datum 1307/08 ist verworfen.

Also muß der Autor sich mit Geschichtsschreibern und Forschern auseinandersetzen, welche andere Auffassungen vertreten.

Der Konflikt mit Josef Eutych Kopp ist vorrangig und füllt viele Anmerkungen. Daguet wirft dem Luzerner Historiker vor allem vor, daß er notorisch parteiisch für die Habsburger sei (I, 158, Anm. 1). – In der Linie von Kopp sieht Daguet auch Böhmer mit seinem *Fontes rerum Germanicarum*.

Als weitere Auffassungen zur Gründungsgeschichte der Eidgenossen sollen hervorgehoben werden:

Tells Existenz wird verteidigt. Dabei kritisiert Daguet auch Guillimann, über den er bekanntlich eine Biographie verfaßt hat: Dieser habe in seinem Buch (*De rebus Helvetiorum*) Bürglen als Geburtsort des Heroen angegeben, aber später in seinem Briefwechsel mit Melchior Goldast die Geschichtlichkeit Tells in Frage gestellt (I, 176).

Ebenso kritisiert Daguet *la plume à la fois nerveuse et naïve d'Egide Tschoudi* (I, 172).

Das Bündnis von 1291 sei keine Rebellion gewesen. Es sei darum gegangen, in Zeiten der Anarchie, als das positive Recht überhand genommen habe, sich auf das Naturrecht zu berufen (I, 160).

Zum Bündnis zwischen Zürich, Schwyz und Uri vom 16. Oktober 1291 meint Daguet, hier sei es darum gegangen, die Rechte der Grundherren und Abhängigen vor den Zeiten Rudolfs von Habsburgs wiederherzustellen.

Gegen Kopp, der gesagt hat, daß man den Waldstätten unter Adolf von Nassau kein Haar gekrümmt hätte, entgegnet Daguet, dessen Herrschaft sei für sie eine Zeit der Prüfungen und der Krise (*une période de tourmente et de crise*) gewesen (I, 165).

Die Politik der Umzingelung der Waldstätte wird als Terrorismus (*terrorisme*) bezeichnet.

Daguets Erörterungen zur Gründungsgeschichte der Eidgenossenschaft bekommen den Charakter eines eigenständigen Teils innerhalb seiner Schweizergeschichte. Er zählt die Gründe dafür und dagegen auf und versucht am Schluß eine Art Synthese zu geben.

Zuerst kommt Daguet zu den Quellen für die Befreiungsgeschichte der Waldstätte. Hier anerkennt er den Einwand, daß Justinger weder vom Rütli, noch von Wilhelm Tell erzählt. Das tun nur das Weiße Buch von Sarnen, Russ und Petermann Etterlin.

Bei dieser Gelegenheit bekommt der berühmteste Schweizer Geschichtsschreiber vom Ende des 18. Jahrhunderts ein Lob: *Jean de Muller, le plus éloquent et le plus philosophe, sinon le plus exact et le plus impartial des historiens suisse, …* (I, 172).

Hierauf gibt Daguet eine verkürzte Zusammenfassung der Gründungssage auf Grund der Chroniken und moniert dabei, in wie vielen Variationen die Tell-Sage erzählt werde und mit welchem Durcheinander der Datierungen.

Obwohl Daguet also zum Gründungsdatum von 1291 hält, zählt er auch die anderen genannten Jahrzahlen auf, nämlich 1296, 1300, 1314 und 1334 (I, 175). – Nach ihm sind es gerade die verschiedenen Daten, welche dazu geführt hätten, daß einige Forscher die Gründungsgeschichte der Waldstätte für eine Sage hielten:

*Cette confusion extrême de dates n'a pas peu contribué à jeter du doute sur l'authenticité des récits traditionnels et a fourni un de ses principaux arguments à l'école critique inaugurée par l'archiviste lucernois Schneller .... et le professeur Eutych Kopp.* (I, 175)

Bei letztgenanntem Historiker wird kritisiert, dessen Geschichte der eidgenössischen Bünde sei *plutôt une histoire d'Allemagne que de Suisse* (I, 176).

Daguet setzt sich mit den Angaben anderer Chroniken, nämlich Johannes Victring, Matthias von Neuenburg und Johannes von Winterthur auseinander, welche zwar die Waldstätte nennen, aber nichts vom Rütlischwur und von Wilhelm Tell erzählen.

Um die Geschichtlichkeit von Tell zu stützen, hätte man nach Daguet auch Dokumente gefälscht (*on a eu recours à des fraudes pieuses et à une véritable fabrication de documents*) (I, 178).

Als baugeschichtliche Belege für die Gründungssage würden die Kapellen in der Innerschweiz, etwa in Bürglen und in der Hohlen Gasse nichts taugen; diese stammten aus späterer Zeit.

Den aufgezählten Einwänden stellt Daguet eine Liste der bejahenden Argumente gegenüber. Diese gipfeln in der Aussage, daß die Befreiungsgeschichte der Eidgenossen im Grunde authentisch sei (I, 180).

Gegen Edouard Secrétan und dessen *Les Origines de la Confédération suisse* der das Schweigen vieler Chronisten zu Morgarten bemängelt, hält Daguet, dies beweise nur, daß man sich vor der Schlacht nicht mit den Waldstätten beschäftigt habe.

Neben Kopp und Secrétan kritisiert Daguet auch Wilhelm Vischer und dessen Buch *Die Sage von der Befreiung der Waldstätte und ihrer allmäligen Ausbildung* (1867).

Auch das Rütli sei nach dem Autor sicher nicht erfunden.

Bei der Auseinandersetzung mit der Gründungsgeschichte sieht Daguet richtig Kopp auf der einen und Aegidius Tschudi und Johannes von Müller auf der anderen Seite.

Am Ende versucht Daguet eine Art salomonische Schlußfolgerung zu formulieren:

Die Traditionalisten waren zu gutgläubig gewesen, während die Kritiker in ihrer Ablehnung zu weit gegangen seien. – Dem Leser sei es überlassen, sich ein eigenes Urteil über die Geschichte zu machen (I, 183).

Herzog Leopold, den Verlierer von Morgarten, hält Daguet nach Johannes von Winterthur für einen neuen Jehu: Er habe mehrere hundert Leute umgebracht (I, 186).

Die Geschichte der Schlacht von Morgarten wird konventionell erzählt, also mit einem Engpaß, mit Felsblöcken und Baumstämmen. Dagegen will Daguet nicht anerkennen, daß dort auch 50 Zürcher gefallen seien – gegen die Mitteilung bei Johannes Stumpf.

Der Bund von Brunnen 1315 ist für Daguet *une consécration nouvelle* des Bündnisses von 1291 (I, 200). Die dortige Bestimmung, daß man keine fremden Herren ohne vorherige Einwilligung annehmen soll, sei klar gegen Österreich gerichtet.

Mit Albert Rilliet meint Daguet, der Vergleich zwischen 1291 und 1315 zeige einen redaktionellen Fortschritt und einen solchen in der politischen Autonomie (I, 201).

Zur Politik Berns nach Morgarten meint Daguet, diese habe versucht, die alte Burgundische Eidgenossenschaft neu zu beschwören – auch mit Freiburg. – Doch der Historiker findet das merkwürdig (I, 204).

Daguet nennt ab und zu Einzelheiten aus der Geschichte, ohne den Zusammenhang zu erkennen.

Beispielsweise erwähnt er eine kuriose Geschichte (*un épisode très curieux*) (I, 222) von einer Schlacht der Habsburger gegen die Berner und Solothurner im Jahre 1333. Dort habe sich ein Stülinger von Regensberg in die Schlachtreihe der Letztgenannten gestürzt, eine Reihe Speere umfaßt und so den Durchbruch und den Sieg der Österreicher ermöglicht.

Daguet sollte diese offenkundige Parallelität zur Winkelried-Geschichte von Sempach kennen. Denn er hat sich in einer besonderen Schrift mit dem Helden befaßt.

Aus den zahlreichen historischen Einzelheiten des 14. Jahrhunderts ist Daguets Meinung zum Bund der Waldstätte mit Zürich zu erwähnen. Die Bestimmung, wonach sich die Stadt das Recht auf eigene Bündnisse vorbehielt, kritisiert er als *Sonderbund* (I, 234).

Einwände fließen ab und zu in die Geschichtserzählung ein. So kritisiert er die übertriebenen Gefallenenzahlen der Gegner bei Näfels 1388 mit dem Verweis auf andere Schlachten (I, 268, Anm. 1).

Am Ende des 14. Jahrhunderts, nach Sempach, sei der allgemeine Gebrauch der Bezeichnung Schwyzer aufgekommen (I, 273). – Und über das erste Jahrhundert eidgenössischer Geschichte urteilt Daguet wie folgt:

*Le premier siècle de notre histoire n'en est pas le plus brillant, mais il en est relativement le plus moral et le plus pur* (I, 274).

Dabei betont Daguet das angeblich einfache Gemüt der Eidgenossen, das vor allem Gott und das Vaterland als Grundlage gehabt hätte. Der Autor polemisiert gegen Philipp Anton von Segesser und seine Rechtsgeschichte von Luzern, weil dieser ein Solidaritätsgefühl der alten Bundesgenossen bestreitet. Daguet antwortet darauf: Der einzige Grund für die Aufrechterhaltung des ewigen Bundes sei die historische Notwendigkeit (*necéssité historique !!!*) gewesen (I, 275, Anm. 1).

Die drei Ausrufezeichen bei dem letztgenannten Terminus sollen hervorgehoben werden.

Aber zuerst sei die Eidgenossenschaft nach Daguet ein loser Bund von Ständen gewesen. Doch betont er darin den Vorrang (*la prééminence*) der Städte, besonders von Zürich und unterstreicht dies mit dem Sprichwort:

*Dieu a donné à celui qu'il aime une maison à Zurich* (I, 280).

Daguet wagt auch kunstgeschichtliche Vergleiche. So datiert er die Kathedrale von Freiburg, die Schlösser von Estavayer und Vufflens in die gleiche Zeit (I, 277).

Für die erste Hälfte des 15. Jahrhunderts fällt dem Historiker eine merkwürdige Ähnlichkeit auf: Die Geschichte Rätiens zeige frappante Analogien zur Gründungsgeschichte der Waldstätte ein Jahrhundert vorher (I, 304).

Daguet hat eine Vorliebe für die Diskussion von Einzelfragen: Beim Alten Zürichkrieg vermerkt er, daß sich die Historiker uneins seien, ob Bürgermeister Stüssi von seinen städtischen Mitbürgern oder den Eidgenossen getötet wurde (323, Anm. 1).

Auch gibt es lange Überlegungen über die Urheber des Blutgerichts von Greifensee (315, Anm. 1).

Vergleiche von Ereignissen und Personen der eidgenössischen Geschichte mit der klassischen Antike verdienen eine besondere Aufmerksamkeit:

Beispielsweise habe die Schlacht von St. Jakob an der Birs *le nom des Thérmopyles helvétiques* (I, 320, Anm. 2).

Noch vor dem Burgunderkrieg, 1452, habe die Allianz der Eidgenossen mit Frankreich den Grund für alle späteren Bündnisse zwischen diesen beiden Partnern gelegt. Dabei geht Daguet auch erstmals auf die Ursprünge der fremden Kriegsdienste (*des services mercenaires*) ein (I, 330). Norditalienische Fürsten seien die ersten gewesen, welche eidgenössische Krieger rekrutiert hätten. Danach seien die Herzöge von Savoyen und der deutsche Kaiser aufgetreten.

Später im Werk wird Daguet behaupten, daß unter dem Einfluß des Söldnerwesens der republikanische und demokratische Geist langsam dem aristokratischen und adeligen System gewichen sei. - Beispiel dafür sei auch das Aufkommen des Titels der Gnädigen Herren (I, 430).

Daguet ist der Verteidiger von historischen Legendengestalten. Also reitet er eine Polemik gegen Ernst Ludwig Rochholz und dessen Werk *Die Schweizerlegende von Bruder Klaus von Flüe* (1875). – Dieser kritisiert bekanntlich die Überlieferung des Nationalheiligen als apokryph. – Darauf der Historiker:

*Il nous est impossible d'admettre les procédés de critique exagérée et purement dissolvante* ((335, Anm. 1).

Später, bei der Darstellung des Stanser Verkommnisses, nimmt Daguet seine Polemik und seine Tiraden gegen die Zweifler an der Geschichtlichkeit von Niklaus von der Flüe wieder auf. – Wieder wird Rochholz angegriffen, dem er entfesselte Kritik (*criticisme outré*) und Hyperkritik (*hypercritique*) vorwirft (I, 373 f., Anm. 1).

Ausführlich beschäftigt sich Daguet auch mit dem Berner Twingherrenstreit und dessen Chronisten Frickart.

Bei der historiographischen Beurteilung der Burgunderkriege ist Daguet der Meinung, daß die Eidgenossen einen Präventivschlag führten (I, 350, Anm. 2).

Und nach dem Friedenskongreß von Freiburg im Üchtland wird die welsche Durchtriebenheit der deutschen Ehrlichkeit gegenübergestellt.

Ein eigenes Kapitel mit dem Titel *Hans Waldmann, ou essai de centralisation politique et administrative é Zurich* ist diesem Bürgermeister gewidmet, der nach Daguet *la plus grande figure de l'histoire suisse au XV^{ème} siècle* war (I, 383).

Bei den italienischen Kriegen spricht der Autor von dem *caractère vénal des Suisses, à cette époque* (I, 404) und erwähnt als Beispiel die Affäre Jean Furno (Dufour d'Annecy). – Später wird Daguet auch behaupten, diese Auseinandersetzungen hätten die ursprüngliche Bescheidenheit und die einfachen Sitten der alten Schweizer beeinträchtigt (I, 453).

Chronologische Diskrepanzen fallen Daguet wenig auf. Die Beziehungen zwischen den Eidgenossen und Heinrich VIII. von England weitet der Autor zu einer Betrachtung aus, die rückwärts bis zu den irischen Mönchen von St. Gallen reicht. (I, 412 f., Anm. 3).

An einer Stelle zitiert Daguet Albrecht von Haller, der die Zerstörung Burgunds beklagt. Dadurch habe die Eidgenossenschaft den Schutz vor Frankreich verloren (I, 429).

Ebenfalls beim Thema Burgund kritisiert Daguet die Historiker Kopp und Frédéric Gingins de La Sarraz. Diese hätten sich … *ne soient pas appliqués avec une persévérance digne d'une meilleure cause, l'un à idéaliser le droit de la Bourgogne, l'autre, le droit de l'Autriche, et à faire de leurs compatriotes des barbares et des rebelles* (I, 430).

Bei der Besprechung der Schweizer Chroniken unterstreicht Daguet die Bedeutung der patriotischen Lieder. Diese volkstümlichen Gesänge hätten, zusammen mit den Schützenfesten, den kriegerischen Geist der Eidgenossen beflügelt (I, 443 f.).

Der zweite Band von Daguets Geschichte der Schweizer Eidgenossenschaft setzt mit der Reformation ein.

Dort sieht er den Bauernkrieg von 1525 als einen Wiedertäufer-Aufstand und allgemein in konventioneller Weise die Degeneration der Kirche als Ursache der Glaubensspaltung.

Bildhafte Vergleiche kommen bei dem Historiker vor, wenn er etwa die niedrigere Stellung Freiburgs gegenüber Bern während der Reformation so ausdrückt:

*Fribourg, à cette époque, joue souvent à côté de sa rivale le rôle inférieur de l'humble Pise devant la superbe Florence* (I, 46).

Bei der Schlacht von Bicocca wird erwähnt, daß dort ein Arnold von Winkelried gefallen sei. Dieser habe sich auf den Söldnerführer Frundsberg gestürzt, diesen verletzt, sei aber dabei von einer Kugel getötet worden.

Daguet hat sich nachher mit der Winkelried-Frage in einem besonderen Artikel auseinandergesetzt. Aber weder hier noch vorher bei der anfänglichen Geschichte Berns fallen ihm die auch namentlichen Parallelitäten zwischen diesen Heroen nicht auf.

Daguet kennt die Termini *restauration du catholicisme* und *réaction catholique* für die Gegenreformation (II, 62).

Die verfassungsrechtliche Entwicklung der Eidgenossenschaft im 16. Jahrhundert charakterisiert der Historiker in der folgenden Synthese:

*L'oligarchie s'établissait partout en Suisse sur les ruines de la constitution libérale des premiers âges* (II, 106).

Und weiter:

*Le XVI^{ème} siècle offre l'image d'un développement national de l'intelligence comme aussi d'une des phases les plus intéressantes de notre histoire littéraire* (II, 113).

Den Schweizern jenes Jahrhunderts habe es nicht an Herz und gutem Willen, wohl aber an Aufklärung *(lumière)* gefehlt (II, 127).

Daguet hinterfragt nicht die substantielle Ereignislosigkeit der neuzeitlichen Jahrhunderte bis 1798. Dabei gesteht er ein, daß zum Beispiel der Westfälische Friede, damit die Loslösung der Eidgenossenschaft aus dem Reich, das einzige historische Faktum von Bedeutung für die Neuzeit der Schweiz gewesen sei (II, 148).

Wiederum wird die Schließung der patrizischen Regierungen der Stadtorte auf einen engen Kreis besprochen und werden dabei auch Bestimmungen aus Freiburg genannt (II, 170 f., Anm. 3).

Die Eroberungspolitik Ludwigs XIV. wird ablehnend beurteilt und darauf hingewiesen, daß die Schweiz 60'000 verfolgte Hugenotten aufgenommen habe. – Gleichzeitig hätten 32'000 Schweizer für den französischen König gedient, 22'000 für die anderen Mächte wie Savoyen, Venedig, Holland, Österreich.

Doch die Zeitangaben und die Quellen für die Zahlangaben bleiben vage.

Die Übersicht über das 18. Jahrhundert beginnt Daguet mit einem ausführlichen Zitat von Heinrich Zschokke, der den moralischen Niedergang der Eidgenossenschaft gegenüber den Helden der Vorzeit beklagt: *Il est un mal plus funeste que la guerre, c'est l'avilissement des peuples* (II, 192).

Doch habe in jenem Jahrhundert eine geistige und moralische Erneuerung (*émancipation intellectuelle*) und *régénération morale* stattgefunden (II, 192).

Politisch seien in jenem Jahrhundert die Umsturzversuche zu vermelden: Daguet meint besonders die Affären des Majors Davel in Lausanne, von Samuel Henzi in Bern und die Unruhen um Nicolas Chenaux in Freiburg. – Diese hätten als gemeinsamen Nenner *la prépondérence excessive d'une ville ou d'un petit nombre de familles* gehabt (II, 210).

Alle diese Revolutionsversuche sind mißglückt. – Daguet folgert daraus, daß der Henker im 18. Jahrhundert einen wichtigen Platz eingenommen habe (II, 210).

Als Freiburger urteilt Daguet über die alte Regierung bei der Erörterung der Unruhen um Nicolas Chenaux 1781: Die Stadtregierung habe alle Fehler der oligarchischen Herrschaft in Bern gehabt, aber ohne die Note von Größe und praktischer Weisheit (*sans le cachet de grandeur et de sagesse pratique*) (II, 332).

Bei der ausführlichen Beschreibung der schweizerischen Kultur und Literatur des 18. Jahrhunderts findet sich eine Kritik an Johannes von Müller: Bei diesem sei eine Diskrepanz zwischen Denken und Wollen festzustellen. – Auch habe er sich der Reihe nach vor zwei Despoten verneigt, nämlich Friedrich II. und Napoleon (II, 247).

Bis zur Französischen Revolution und dem Untergang der alten Eidgenossenschaft, so glaubt der Autor festzustellen, hätte das Schweizervolk in großen Teilen die Tugenden der Vorväter und die Einfachheit der Sitten (*les vertus des ancêtres, la simplicité des moeurs*) bewahrt, zusammen mit Gastfreundschaft und Loyalität.

Doch die französischen Emigranten hätten Hochmut, Hass auf die Republik und Verachtung für das Volk gebracht (II, 264).

Die Eroberung der alten Eidgenossenschaft durch die Franzosen wird detailliert beschrieben. Fazit dieser Einnahme ist für Daguet:

*Les Français s'étaient annoncés comme les libérateurs du peuple suisse, comme les soldats de la liberté et les protecteurs des chaumières. Une fois maîtres de l'Helvétie, ils se souillèrent par le meurtre, le pillage, le viol et l'incendie, et firent peser sur elle un joug plus odieux et plus humiliant que ne l'avait été celui de Gessler et des autres baillis autrichiens au XIV$^{ème}$ siècle* (II, 301).

Die revolutionären Ereignisse, die französischen Übergriffe bei der Niederschlagung des Aufstands der Inneren Orte und die Tyrannei des *Verrès français* (317), des Kommissars Rapinat, werden im Detail wiedergegeben.

Für die Helvetik findet Daguet kein rühmliches Wort, eher für die Mediation:

*L'époque de l'Acte de médiation fut pour la Suisse une ère de repos, d'ordre, d'unité, de progrès, mais aussi un temps de dépendance humiliante et d'appréhensions continuelles* (345).

Als Liberaler und als Pädagoge verurteilt Daguet das 1823 ausgesprochene Verbot der Erziehungsmethoden von Père Girard in Freiburg und die dort wieder im Schulwesen vorherrschenden Jesuiten.

Trotz der reaktionären Tendenzen in der Eidgenossenschaft von 1815 bis 1830 widerspricht der Autor dem progressiven Geschichtsschreiber Zschokke, der diesen Zeitraum nur negativ beurteilte.

Die Regeneration, der Sonderbundskrieg, die Gründung des schweizerischen Bundesstaates und die ersten Jahrzehnte der neuen Eidgenossenschaft werden sachlich dargestellt. Daguet als Liberaler huldigt hier nicht unbedingt einem Fortschrittsglauben, aber er ist gegen jede reaktionäre Betrachtung.

Also verwirft Daguet besonders die Unfehlbarkeitserklärung des Papstes und den Syllabus im Gefolge des Vatikanischen Konzils von 1870, indem er sagt: *Cette machine de guerre dirigée contre le progrès et la liberté modernes, ne faisaient que rendre plus désirable aux citoyens une organisation forte de l'Etat pour résister au torrent de l'absolutisme religieux et politique* (515 f.).

Mit der Verfassungsrevision von 1872 beendet Daguet den politischen Teil seiner Geschichte ab, um in einem Schlußkapitel einige allgemeine Betrachtungen zur Kultur, Geistigkeit und materiellen Entwicklung des 19. Jahrhunderts zu geben (519 ff.).

Die erste Hälfte seines Jahrhunderts ist nach Daguet zuerst gekenn-
zeichnet durch große materielle, will heißen wirtschaftliche Fortschritte, verbunden mit einer starken Verringerung des Pauperismus.
Für wichtig hält Daguet auch den stark aufgekommenen Vereinsgeist
(*esprit d'association*). Dieser habe dazu beigetragen, die gesell-
schaftliche Ungleichheit zu mildern und sozialistische und kommuni-
stische Tendenzen zu dämpfen. Der Grütli-Verein wird erwähnt und
die Gemeinnützige Gesellschaft, auch die Studenten-Vereinigung
der Zofinger.

Dann zählt Daguet bedeutende Namen auf, welche das intellektuelle
Leben der Schweiz in diesem Zeitraum bereichert haben.

Bei den Historikern nennt er auch Persönlichkeiten, die in diesem
Sachzusammenhang vorkommen: Kopp, Hisely, Rilliet, Vaucher,
Wyss, Gingins-La Sarraz und andere.

Für Daguet ist überhaupt ein reiches intellektuelles und kulturelles
Leben eine Grundlage und Garantie der Demokratie:

*L'influence de la haute culture des esprits peut seule préserver la
démocratie des dangers d'un réalisme excessif, aussi pernicieux
pour la dignité humaine que mortel à l'honneur et é l'indépendance
de la patrie* (529).

Daguet beschließt sein Geschichtswerk, indem er für die Schweiz
jede von außen oktroyierte Verfassung und jeden übertriebenen Uni-
tarismus ablehnt: *L'unité dans la diversité, voilà le caractère propre
de la nation suisse* (533).

## Zur Genese der *Histoire de la confédération suisse*: schweizergeschichtliche Abrisse, Schulbücher und Darstellungen von Alexandre Daguet

Bei der Untersuchung über die Freiburger Historiker des 19. Jahrhunderts, Berchtold und Daguet, beschränkte sich der Verfasser zuerst auf die Charakterisierung der kleineren historischen Schriften.

Als historisches Hauptwerk benötigt die *Histoire de la confédération
suisse* eine gesonderte Betrachtung, zum ersten wegen des Um-
fangs, dann besonders wegen der langen Entstehungsgeschichte.

Immerhin erwähnte der Verfasser bereits das kleine Manual der
Schweizergeschichte, das ab 1850 in verschiedenen Auflagen erschien.

Bekanntlich war es ein Auftrag der radikalen Freiburger Regierung 1849 an Daguet, das populäre Werk von Heinrich Zschokke (1771 - 1847) *Des Schweizerlands Geschichten für das Schweizervolk* in ein französisches Schulbuch umzuwandeln. *An dieser Arbeit erzog er sich zum Geschichtsschreiber*[1].

Im Gegensatz zur großen Schweizergeschichte, welche Daguet zuletzt 1879/80 erscheinen ließ und von der bald die Rede sein wird, hatte der Historiker vor allem mit seinen Abrissen und Schulbüchern der heimischen Geschichte Erfolg.

Also wurde Daguet 1866 von der interkantonalen Schulkonferenz eine für Schulen geeignete Redaktion seines bereits mehrfach erschienen Abrisses aufgetragen. Die Kantone Neuenburg und Bern erklärten dieses Werk nachher für obligatorisch; die Waadt aber aber empfahl es nur bedingt. – Doch die hohen Auflagen des Schulbüchleins sicherten dem Autor Breitenwirkung und etwelchen finanziellen Gewinn[2].

Angesichts der vielen Auflagen von Daguets kleinen und großen schweizergeschichtlichen Darstellungen und den wechselnden Titeln, soll hier nur eine kurze und stichprobenartige Übersicht gegeben werden, wobei das Hauptaugenmerk auf der Gründungsgeschichte der Eidgenossenschaft mit ihren möglichen Veränderungen im Bild und in der Wertung liegt.

Hier sollen zuerst die Editionen der Schweizergeschichte nach Zschokke, dann diejenigen der historischen Abrisse und schließlich die der großen Schweizergeschichte angeführt werden.

- *Histoire de la nation suisse, d'après Zschokke, les principaux écrivains nationaux et quelques sources originales* ; p. 1.2., Fribourg 1850 – 1853

Dieses Werk hat die Approbation als offizielles Lehrmittel der Primarschulen des Kantons Freiburg bekommen.

Daguet sieht in großzügiger chronologischer Differenz schon unter Friedrich Barbarossa unter den Städten und Ländern einen *esprit général d'indépendance* (50).

---

[1] Feller/Bonjour, II, 725

[2] Vgl. darüber: Leonardis, Patrick de/Vallotton, François : *Législation, politique et édition au XIX^e siècle : le cas des manuels d'histoire dans le canton de Vaud*; in: *Revue historique vaudoise*, 1997, 38 ff.

Die Befreiungsgeschichte der Waldstätte erzählt Daguet mit einer offenen logischen Dichotomie: 1291 hätten die Urkantone ihren schriftlich niedergelegten Bund geschlossen. Die eigentliche Befreiungsgeschichte beläßt der Autor jedoch bei 1307/08. Nur in diesem Werk wird Zschokke im Titel genannt, während er in allen späteren Ausgaben verschwindet. Den Grund nennt Daguet: Die Revolutionsgeschichte sei nach Zschokke erzählt, der auf Tschudi und Müller fuße. Doch bewiesen neuere Forschungen, daß diese Erzählungen nicht mit der historischen Wahrheit übereinstimmten (77).

- *Histoire de la nation suisse d'après les principaux écrivains nationaux et quelques sources originales* ; 2ème éd. revue et augm. ; Fribourg 1851

- *Histoire de la nation suisse d'après les principaux écrivains nationaux et quelques sources originales* ; 2e éd. rev. et augm., p. 1. ; Fribourg 1851

- *Histoire de la nation suisse d'après les principaux écrivains nationaux et quelques sources originales* ; 3e éd. rev. et augm., p. 1 ; Fribourg 1852

- *Histoire de la nation suisse d'après les principaux écrivains nationaux et quelques sources originales*; 4e éd. rev. et corr. ; p. 1.2 ; Fribourg 1853 – 1858

- *Histoire de la Confédération suisse depuis les premiers temps jusqu'en 1860* ; 5e éd. ; Neuchâtel et Paris 1861

- *Histoire de la Confédération suisse* ; 5e éd. ; Neuchâtel 1861

- *Histoire abrégée de la Confédération suisse. A l'usage des écoles ; Neuchâtel 1863*

In dieser verkürzten Darstellung treten einige Elemente der eidgenössischen Gründungsgeschichte markanter hervor. Also hätten sich alle Städte und Länder nach dem Tode von Rudolf I. vor einer Wahl des strengen Albrecht gefürchtet. Dieses sei das Motiv für den Bund von 1291 gewesen.

Auch wird offen von der Tyrannei von Gessler geredet. Und der Rütlied von 1307 sei von den drei Tellen beschworen worden.

In der *Histoire de la Confédération suisse depuis les temps anciens jusqu'en 1864*, in Lausanne 1865 in der 6. Auflage erschienen, gibt es gegenüber dem verkürzten Werk vor zwei Jahren kaum Unterschiede in den Beurteilungen.

In dem 646 Seiten starken Werk von 1865 kommt das Kapitel mit der Gründung des Schwyzer-Bundes zu Anfang des zweiten Buches auf Seite 118.

Daguet zeichnet zuerst ein erstaunlich detailliertes, durchzogenes Porträt von Rudolf von Habsburg. Hernach charakterisiert er die Zeit nach seinem Tod als Anarchie im Reich. Das sei der Grund gewesen, daß schon vierzehn Tage nach dem Hinschied des Königs die drei Waldstätte ihren ewigen Bund von 1291 geschlossen hätten.

Dabei wehrt sich Daguet vehement gegen die Interpretationen von Kopp und Lichnowsky, welche diesem Pakt den Charakter einer Rebellion unterstellten[1].

Der Historiker erwähnt den bernischen Sieg am Donnerbühl mit der Jahrzahl 1298 und hält die folgenden zehn Jahre von Albrechts Reichsherrschaft für eine kritische Periode für die Freiheit von Oberdeutschland.

Hierauf geht Daguet recht unvermittelt über zur Schilderung der Befreiungsgeschichte 1307/08 und weiter zum ersten Krieg der Waldstätte gegen Österreich mit dem Sieg am Morgarten 1315.

Schon im nächsten Kapitel folgt die Berner Geschichte mit Rudolf von Erlach und der Schlacht bei Laupen.

- *Abrégé de l'histoire de la Confédération Suisse à l'usage des écoles primaires.* 2e éd. Neuchâtel : 1869

- *Histoire de la Confédération suisse depuis les temps anciens jusqu'en 1864.* Ausgabe 5e[!] éd. <complétée pour remplacer la 6e>. Lausanne : 1872. 638 p.

- *Histoire abrégée de la Confédération suisse, à l'usage des écoles et des familles.* 4e éd. rev. corr. et augm. ; Lausanne 1874

In dem *Abrégé de l'histoire de la Confédération suisse à l'usage des écoles primaires* (Neuchâtel 1875) streicht Daguet 1291 − nicht 1308 − als das wahre Datum der Gründung der Eidgenossenschaft heraus. Dazu fügt der Autor in einer Anmerkung an, daß sich der Irrtum 1308 auch am Bundeshaus finde: Dieser Anachronismus sei aber

---

[1] Daguet : *Histoire de la Confédération suisse*, Lausanne 1865, 119

78

auf den Anklang auf das Gründungsdatum des Bundesstaates 1848 zurückzuführen[1].

Zur Gründungsgeschichte der Waldstätte mit Wilhelm Tell bemerkt der Autor:

*Tel est le langage des Chroniques. L'histoire sérieuse conteste l'authenticité de ces récits, sans être parvenue encore à éclaircir complètement les origines de la liberté suisse*[2].

- *Abrégé de l'histoire de la Confédération suisse à l'usage des écoles primaires.* 8e éd. Neuchâtel 1884

- *Abrégé de l'histoire de la Confédération suisse à l'usage des écoles primaires.* Ausgabe 9e éd. Neuchâtel : [s.n.], 1887

- *Abrégé de l'histoire de la Confédération suisse à l'usage des écoles primaires.* Ausgabe 10e éd. [s.n.], 1889

- *Abrégé de l'histoire de la Confédération suisse à l'usage des écoles primaires.* 11e édit. Neuchâtel : [s.n.], 1890.

Die *Histoire de la Confédération suisse à l'usage des écoles et des familles*, in 9. Auflage 1890 in Neuenburg erschienen, ist das letzte Werk, in welchem der alte Daguet noch Änderungen anbringen konnte.

Hier interessiert ein gut vierseitiger Exkurs über die *Traditions relatives à Guillaume Tell et serment du Grütli*[3]. Der einzige bemerkenswerte Punkt ist hier die Erwähnung von Melchior Russ, welcher als Einziger gegenüber dem Weißen Buch behauptete, Tell habe den Gessler nicht in der Hohlen Gasse, sondern auf der Tellsplatte erschossen.

- *Storia della nazione svizzera desunta dai precipui scrittori nazionali e da fonti autentiche.* Versione italiana compilata sulla 3ª ed. originale riv. ed aum. Lugano : 1858 Kollation VIII, 304, 352 p. ; 21 cm

---

[1] Daguet : *Abrégé de l'histoire de la Confédération suisse*, Neuchâtel 1875, 34, Anm. 1
[2] Daguet, op.cit., 40
[3] Daguet : *Histoire de la Confédération suisse à l'usage des écoles et des familles*; Neuchâtel 1890, 72 - 75

- *Die Geschichte des Schweizervolkes, nach A. Daguet für die Schulen der deutschen Schweiz*; bearb. von L.J. Aebi, Lucern : 1858-1859 2 Bd. (VIII, 304; 438 S.) ; 21 cm

- *Abriss der Schweizergeschichte zum Gebrauche der Primarschulen* / Mit Bewilligung des Verfassers für unsere teutschen Primarschulen bearbeitet ([von] G[ottlieb] Hagenauer). Ausgabe 2., durchgesehene Auflage. Aarau : [s.n.], 1872

- *Schweizergeschichte für Mittelschulen* : Autorisirte Uebersetzung. 3. verbesserte und vermehrte Auflage. Aarau [s.n.] 1877

- *Storia abbreviata della Confederazione svizzera* / di Alessandro Daguet ; versione libera, con copiose aggiunte intorno alle vicende della Svizzera italiana del prof. G. Nizzola 4a ed. / con carta colorata della Svizzera di R. Leuzinger Lugano 1893, 336 p. ill.

Als summarisches Fazit aus den verschiedenen Editionen, den verkürzten Ausgaben und den Bearbeitungen für Schulen der Schweizergeschichte von Dauet ergibt sich:

Die Unterschiede in der Wertung sind gering, bis nichtexistent. Unbedingt wird bereits in den ersten Ausgaben die Schwyzer Bundesgründung auf 1291 festgesetzt. Brunnen 1315 sei demgegenüber nur eine Erneuerung des Paktes.

Als Kritik muß angemerkt werden, daß die drei Teile der Anfänge des Waldstätte-Bundes, also Schwur von 1291 – Erhebung 1307/08 und Morgarten-Schlacht mit dem Brunnen-Bund von 1315 in der Darstellung sehr unverbunden, also inkohärent wirken. Daguet gelingt es nicht – oder er macht sich nicht die Mühe – die Teile ohne abrupte Übergänge zusammenzufügen. Aber damit bestätigt der Autor nur, was alle neueren Historiker der eidgenössischen Bundesgründung feststellen müssen: Diese Geschichte kann nicht überzeugend dargestellt werden, weil sie aus einander widersprechenden Elementen – Chroniken und Urkunden – besteht.

Auch die vorangegangene Inhaltsangabe von Daguets letzter und vollständigsten Schweizergeschichte von 1879/80 führt bei genauem Vergleich zu dem gleichen Ergebnis – trotz des großen Aufgebots an Logik und Argumentation.

Ein allgemeiner Einwand sei auch angebracht: Daguet bietet in seinen zahllosen schweizergeschichtlichen Darstellungen für Schulen und Familien ein scheinbar widerspruchsfreies Bild der alten Geschichte und ignoriert den Umstand, daß diese letztlich Fiktion ist. Das Lehrmittel wird damit zum Instrument einer Indoktrination.

## Von Alexandre Daguet zu Karl Meyer: die Verfestigung und Überhöhung der eidgenössischen Gründungslegende 1291

### 1. Die alten Daten der Schwyzer Bundesgründung

Die Einzelheiten aus der kleinen Schweizer Chronik von Johannes Stumpf und von Schweizers Helvetischer Chronologie zeigen, daß die Gründungslegende der Eidgenossen der Waldstätte homogen ist und in beiden Chroniken gleich erzählt wird. Auch Aegidius Tschudi stellt die Sage gleich dar.

Die Chronologie der Geschichtserzählungen war jedoch anfänglich ungefestigt. Das gilt besonders für die antiken und die früh- und hochmittelalterlichen Epochen.

Auch die Datierung der eidgenössischen Gründungsgeschichte ist in den ältesten Chroniken verschieden. Das führt zu Verwirrungen bei den daran verknüpften Geschichten[1].

Es sind auch absichtliche Falschdatierungen anzunehmen, etwa wenn Petermann Etterlin die Laupenschlacht 1338 (statt 1339) ansetzt, oder Melchior Russ die Jammertal-Schlacht im Jahre 1299 (statt 1298).

Der Wirrwarr wird noch größer, weil die Gründungsgeschichte der Waldstätte eine vollständige Parallele zur Befreiungsgeschichte von Bern darstellt, wie ich früher dargelegt habe[2]: 1291 war in der ursprünglichen Matrix der Berner Geschichte das Datum der endgültigen Befreiung der Stadt in der Schlacht am Donnerbühl oder Dornbühl. – Justinger, Grasser und Russ, dann Tschudi verlegen diesen Kampf nachher auf 1298 und nennen Jammertal als Ort.

---

[1] Karl Meyer bringt in seinem Hauptwerk auch eine tabellarische Übersicht über die verschiedenen Daten der Bundesgründung. Leider ist die Aufzählung der Chronisten unvollständig: Meyer, Karl: *Urschweizer Befreiungstradition*, 161

[2] Pfister, Christoph (2019): *Die alten Eidgenossen*. Die Entstehung der Schwyzer Eidgenossenschaft im Lichte der Geschichtskritik und die Rolle Berns; Norderstedt

Die Befreiungsgeschichte der Waldstätte selbst hat in den ältesten Chroniken die Daten 1314/15, dann 1307/08.

Nach beiden hier besprochenen Zeitbüchern – Stumpf und Schweizer – begann der Befreiungskampf von Uri, Schwyz und Unterwalden jedoch schon im Jahre 1260[1]. Damals seien ein erstes Mal die Adeligen aus dem Lande verjagt und die freien Täler durch Letzinen und Türme gegen feindliche Einfälle gesichert worden.

Das Motiv für den ersten eidgenössischen Befreiungskampf von 1260 wird in der Helvetischen Chronologie erklärt: Es ging darum, die zwölf Jahrhunderte andauernde Teilung Helvetiens nach dem Aufstand unter Vitellius zu überwinden[2].

Die eigentliche Gründungsgeschichte wird bei Stumpf in das Jahr 1314 gesetzt. Anlaß dazu war der Thronwechsel im Heiligen Römischen Reich, der auch in der Innerschweiz zu großer Unruhe führte.

Die Datierung von 1314 wirkt kohärent, wird sie doch im Folgejahr 1315 durch den endgültigen Sieg der Innerschwyzer bei Morgarten und durch die darauf folgende schriftliche Besiegelung des Schwurbundes gekrönt.

Stumpfs Datierung der Befreiungsgeschichte mit den beiden Markpunkten 1260 und 1314/15 ist die älteste überlieferte. Folglich kann sie nicht als bloße Variante bezeichnet werden, wie Bernhard Stettler meint[3].

Die Helvetische Chronologie von Schweizer als jüngeres Werk verbindet die Gründung der Schwurgenossenschaft der Waldstätte mit dem Jahr 1307/08. Der oder die Autoren stehen hier schon Aegidius Tschudi nahe. Vielleicht stellt dieses Werk das Zeitregister dar, welches dem *Chronicon* zu Grunde liegt.

---

[1] *Chronologia Helvetica*, 29: *In hunc annum incidit initium bellorum, quae Helvetii (hodie foederati die Eydgenossen) pro libertate tuenda adversus Nobilitatem gesserunt.*
[2] *Chronologia Helvetica*, 28: *... Helvetia in unam quasi Civitatem coaluit, ut ante et circa annos nativitatis Christi fuerat, priusquam per Vitellium Imperatorum divisa, ...*
[3] Stettler, Bernhard (1978): *Tschudis Bild von der Befreiung der drei Waldstätte und dessen Platz in der schweizerischen Historiographie*; in: Tschudi, Aegidius: *Chronicon Helveticum*, III (1978) 114*

Motiviert wird das neue Datum 1307/08 durch die feindselige Politik von König Albrecht I. gegenüber den Innerschwyzern[1]. Es galt ferner, die Befreiungslegende mit einem Thronwechsel im Heiligen Römischen Reich zu verbinden. - Und auch eine Befreiungsschlacht hätte stattgefunden: Albrecht zog gegen die Waldstätte, um sie zu unterwerfen, wurde aber vorher bei Brugg ermordet.

Schweizer (Suicerus) und der Tschudi-Kreis haben also das neue Datum 1307/08 eingeführt und damit das herrschende Bild von der Bundesgründung bis zum Ende des 19. Jahrhunderts historiographisch begründet[2]. Ihre Darstellung wurde in seiner Zeit von Heinrich Bullinger, Josias Simler und Franz Guillimann übernommen[3].

Stumpf und Tschudi stehen sich zeitlich sehr nahe, sie bildeten beinahe eine Arbeitsgemeinschaft[4]. Also sind Abweichungen bei den Inhalten und Daten bemerkenswert.

1291 war das anfängliche Datum der Befreiungsschlacht der Berner gegen die Habsburger am Donnerbühl.

Doch das gleiche Datum wurde in den beiden hier besprochenen Chroniken auch schon mit einem Ereignis verknüpft, das die Waldstätte betraf:

Im Jahre 1291, kurz vor seinem Tod, bestätigte Kaiser Rudolf I. von Habsburg den Schwyzern ihre Privilegien und machte sie reichsfrei[5].

---

[1] Nach Tschudi: *Chronicon*, I, 3, 204 hätten die Waldstätte aber schon 1291 die gegen sie gerichtete Politik von Albrecht von Habsburg bemerkt.

[2] Sieber, Christian (2007): *Geschichtsschreibung als gelehrte Konstruktion.* Aegidius Tschudi und seine Datierung der Befreiungstradition in die Jahre 1307/08; in: *Der Geschichtsfreund*, 160 (2007), 25 – 50. Vgl. dort auch der Einfluß von Tschudi auf das Weiße Buch von Sarnen, 45 ff.

[3] Stettler, Bernhard (1978), op.cit., 119* ff.

[4] Stadler, Peter (1968): *Tschudi und seine Schweizerchronik*; in: Tschudi, Aegidius: *Chronicon Helveticum*, I (1968), 21*

[5] Stumpf: *Kleine Schweizer Chronik*, 137 v; *Chronologia Helvetica*, 30. - Eine diesbezügliche Urkunde existiert nicht, wohl aber Königsbriefe von Rudolf von Habsburg, allerdings nicht nur an Schwyz, sondern auch an Uri und Unterwalden. Diese stammen sämtlich aus dem Tschudi-Umkreis. Vgl. hierzu: Stettler, Bernhard (1978): *Die ältesten Königsbriefe der drei Waldstätte in der Überlieferung des Aegidius Tschudi*; in: *Chronicon Helveticum*, T. 3 (1980) 129* - 159*. Der Autor kritisiert dort selbst die mangelhafte Überlieferung dieser Dokumente (140*).

Das Privileg für die Schwyzer selbst war nach den Chroniken die Erneuerung einer älteren Bestätigung. Denn nach Stumpf wurden die drei Länder schon 1240 durch Friedrich II. von Hohenstaufen reichsunmittelbar[1].

Aber gleich nach Tschudi kam mit einer neuen Urkunde ein neues Gründungsdatum ins Spiel: 1291 konkurriert nun mit 1307/08[2].

Bekanntlich tauchte − angeblich um 1760 in Basel - ein lateinisch geschriebenes Diplom auf, ein mit dem Datum 1291 versehener Bundesschluß[3]. Tschudi selbst kannte das Dokument nicht. Die Anspielungen auf einen lateinischen Bundesbrief, etwa bei Werner Steiner sind ungenau.

Die Urkunde mit der Jahrzahl 1291 hat aber zuerst die Chronologie der Bundesgründung nicht beeinflußt. Bis weit ins 19. Jahrhundert − grundsätzlich bis zum Ende desselben − blieb es beim alten Datum 1307.

Johannes von Müller und der Dichter Friedrich Schiller trugen den von Aegidius Tschudi geformten Gründungsmythos in ihr Jahrhundert.

Ins Wanken geriet das Datum 1307/08 durch die kritische Geschichtsforschung von Joseph Eutych Kopp, besonders durch sein erstes Büchlein von 1835 mit *Urkunden zur Geschichte der eidgenössischen Bünde*[4]. Dort fügte er auch den Bundesbrief von 1291 ein.

Für die kritische Geschichtsforschung im 19. Jahrhundert und besonders für die moderne Geschichtswissenschaft, bedeutete der

---

[1] Stumpf: *Kleine Schweizer Chronik*, 122 v

[2] Dazu als neuester Beitrag: Kreis, Georg (2007): *1291 oder 1307 oder: Das Datum als Quelle*. Zum Streit über das richtige Gründungsdatum; in: Der Geschichtsfreund, 160, 53 − 66. Vom gleichen Autor zur gleichen Thematik bereits früher: Kreis, Georg (1991): *Der Mythos von 1291. Zur Entstehung des schweizerischen Nationalfeiertags*; Basel

[3] Sieber, Marc (1991): *Johann Heinrich Gleser (1734 − 1773) und die Wiederentdeckung des Bundesbriefes von 1291*. In: *Basler Zeitschrift für Geschichte und Altertumskunde*, 91(1991), 107 − 128
Ferner: *Die Biographie des Bundesbriefs*; in: Sablonier, Roger (1999: *Das neue Bundesbriefmuseum*; in: *Die Entstehung der Schweiz*, op.cit., 172 ff.

[4] Kopp, Joseph Eutych (1835): Urkunden zur Geschichte der eidgenössischen Bünde; Luzern

Bundesbrief ein willkommenes Dokument, das die Gründung der Eidgenossenschaft urkundlich zu belegen schien.

Aber das Diplom von 1291 stellt lästige Fragen.

Wie kann man zum Beispiel erklären, daß ausgerechnet Aegidius Tschudi, der angeblich alle wesentlichen Urkunden eingesehen hat, dieses Dokument übersehen hat?

Und wie verbindet man das Diplom von 1291 mit der chronikalischen Überlieferung?

Es wurden verschiedene Gründe vermutet, weshalb Tschudi dieses Dokument nicht erwähnt oder nicht gekannt hat[1]. Gängig ist die Erklärung, die Urkunde von 1291 sei bei den Archivreisen des Historiographen in die Innerschweiz gerade verlegt gewesen[2].

Auch ein zweiter Einwand wurde von allen späteren Forschern ignoriert: Nach Stumpf und Schweizer wurde der Bund der Waldstätte zuerst im Jahre 1315 schriftlich festgehalten[3].

Das Diplom von 1291 widerspricht auch der chronikalischen Überlieferung.

Hier muß zuerst eine eigene Erkenntnis eingeschoben werden: Die Urkunden wurden *nach* den Chroniken geschrieben. Die eigenen Detailforschungen über die Anfänge der Freiburger Historiographie etwa haben ergeben, daß zum Beispiel Guillimann der Schöpfer der Zürcher Fraumünsterurkunde von 853 ist[4]. – Auch die Freiburger Handfeste von 1249 geht zweifellos auf diesen Geschichtsschreiber zurück[5].

---

[1] Die vermuteten Gründe sind aufgeführt bei: Stettler, Bernhard (1980): *Tschudi und der Bundesbrief von 1291*; in: *Aegidius Tschudi: Chronicon Helveticum*, Basel, III, 179*

[2] Besonders: Meyer, Karl (1927): *Die Urschweizer Befreiungstradition in ihrer Einheit, Überlieferung und Stoffwahl. Untersuchungen zur schweizerischen Historiographie des 15. und 19. Jahrhunderts*, Zürich – Leipzig - Berlin, 166, Anm. 51. Diese Auffassung teilt auch Bernhard Stettler in dem unter Anm. 2 zitierten Artikel.
Zum Stand der Diskussion über den Bundesbrief von 1291 vgl. auch Peyer, Hans C. in: *Handbuch der Schweizer Geschichte*, I, Zürich 1972, 179 ff.

[3] Stumpf: *Kleine Schweizer Chronik*, 149 r; *Chronologia Helvetica*, 33

[4] Pfister: *Historiographie Freiburg*, a.a.O.,

[5] Pfister: *Historiographie Freiburg*, a.a.O.,

Ebenfalls trägt die heute als Handfeste von Bern bekannte Urkunde das Datum 1218. – Aber Stumpf datiert die Ereignisse, welche zu diesem Privileg geführt haben, auf das Jahr 1232[1].

Wegen der nachzeitigen Entstehung der Urkunden decken sich diese nicht mit den Chroniken. Das gilt auch für die Schwyzer Gründungslegende:

*Bekanntlich ist es ein klassisches, seit dem 19. Jahrhundert immer und immer wieder diskutiertes Problem, daß die chronikalisch-erzählenden Berichte über die Frühzeit der Eidgenossenschaft ganz unverbunden neben den urkundlichen Nachrichten (aus der Zeit um 1300) stehen.*

Und: *Seit langem ist bekannt, daß nicht einfach entweder die urkundliche oder die chronikalische Überlieferung richtig ist*[2].

Die vergleichende Analyse der Gründungsdaten in Stumpfs kleiner Schweizer Chronik, in der Helvetischen Chronologie von Schweizer und im Chronik-Werk von Tschudi zeigen einen neuen Aspekt in der Diskussion um Tschudis Kenntnis oder Unkenntnis des Diploms von 1291.

Die Helvetische Chronologie hat gegenüber Stumpf das Gründungsdatum des eidgenössischen Bundes bekanntlich von 1314 auf 1307/08 zurückgenommen.

Tschudi nun beläßt 1307/08 als Gründungsdatum, befreit aber die Jahrzahl 1291 von der Verknüpfung mit der Befreiungsschlacht der Berner am Donnerbühl (Dornbühl). Diese Schlacht wird im *Chronicon* – aber auch bei Justinger – nunmehr mit dem Jahr 1298 verbunden.

Aus Gründen des Vergleichs soll erwähnt werden, daß auch Sebastian Münster für die Schlacht am Dornbühl das neue Datum 1298 nennt[3].

Zusätzlich vermerkt Tschudi bei 1291 ausdrücklich, daß die Waldstätte der feindseligen Politik von Albrecht von Habsburg gewahr

[1] Stumpf: *Kleine Schweizer Chronik*, a.a.O.,
[2] Sablonier, Roger (1999): *Der Bundesbrief von 1291: eine Fälschung?* Perspektiven einer ungewohnten Diskussion; in: *Die Entstehung der Schweiz. Vom Bundesbrief 1291 zur nationalen Geschichtskultur des 20. Jahrhunderts*; Schwyz, 128
[3] Münster, Sebastian: *Cosmographia*, ND Lindau 1984, I, 739

86

wurden[1], was die beiden hier behandelten Zeitbücher noch nicht tun, auch nicht Haffner und Grasser.

Und Tschudi setzt auch das Datum der erstmaligen Erhebung der Waldstätte von 1260 hintan: Bei ihm wird dieses Ereignis und Datum nur mehr in einer Anmerkung und kommentarlos vermeldet[2].

Da Tschudis Chronik – gleich wie die *Gallia Comata* – sicher in den späten 1760er Jahren gedruckt wurde, ist der Verdacht nicht weit, daß der Tschudi-Kreis den Bundesbrief von 1291 inhaltlich und chronologisch vorbereitet, aber bei der Drucklegung der Chronik noch nicht vollständig ausgeführt hat[3].

Sowohl inhaltlich und von der Zeitstellung her bedingen das Diplom von 1291 also Aegidius Tschudi und seine Vorarbeit.

Die neu eingeführte Urkunde mit dem Datum 1291 wurde zwar sofort bekannt. Doch das alte Gründungsdatum hielt sich bis weit ins 19. Jahrhundert.

Joseph Eutych Kopp ab 1835 betonte zwar die Urkunden. Doch entgegen bestehenden Meinungen war er nicht Anwalt des Gründungsjahres 1291[4]. – Der Prozeß dauerte länger und war verbunden mit dem in jenem Jahrhundert entwickelten Zentenardenken[5].

## 2. Daguet als Historiker des Datums 1291

Die Schweizergeschichte von Daguet hat einen Kern, der dem Welschschweizer Historiker bleibende Bedeutung verschaffte: Er war der erste, der das Gründungsdatum des Schwyzer Bundes auf 1291 setzte und mit allen Mitteln zu beweisen suchte[6].

---

[1] Tschudi: *Chronicon Helveticum*, I, 3, 204
[2] Tschudi: *Chronicon Helveticum*, I, 3, 159
[3] Jean-Jacques Hisely ärgert sich 1826 über den englischen Historiker Francis Hare Naylor, der in seiner *The History of Helvetia*, London 1801, I, 187 behauptet, der Bundesbrief 1291 sei 1760 von Tschudi entdeckt worden (Hisely : *Guillaume Tell*, 254)
[4] Kreis: *Mythos 1291*, op.cit.
[5] Kreis: *Mythos 1291*, op.cit.
[6] Feller/Bonjour, II, 463 behaupten, daß Alexander Ludwig von Wattenwyl in seiner *Geschichtsbeschreibung des Helvetischen Bunds* (Bern 1754) als erster das Gründungsdatum 1291 eingeführt habe. Tatsächlich aber hält jener Historiker wie seine Zeitgenossen zur Gründung des Waldstättenbundes 1307. – Wattenwyl referiert zu 1291 gemäß den alten Chronisten, daß Kaiser Rudolf in jenem Jahr den Schwyzern ihren Freiheiten bestätigt habe.

Folglich kann für Daguet der Bund von Brunnen 1315 nur eine Wiederholung des älteren Bündnisses sein (I, 201). – Die älteren Chronisten, die den ersten geschriebenen Bund nach der Schlacht bei Morgarten ansetzen, ignoriert der Historiker.

Daguet vertrat das neue Datum 1291 nicht erst in seiner letzten Ausgabe der Schweizergeschichte, sondern bereits in den ersten Ausgaben der 1850er und 1860er Jahre – auch in den Schulausgaben[1].

Der nächste Welschschweizer Historiker, der das Gründungsdatum 1291 vertritt, ist Albert Rilliet in seinem Werk von 1868[2].

Unbedingt ist hier Georg Kreis zu widersprechen, der behauptet, die Versetzung des alten Datums 1307 zum neuen von 1291 sei zwischen 1880 und 1890 erfolgt und mit den Historikern Karl Dändliker, Johannes Dierauer und Wilhelm Oechsli verbunden[3].

Richtig dagegen ist bei Kreis die Feststellung, daß das alte und das neue Datum um die Wende vom 19. zum 20. Jahrhundert häufig noch parallel gebraucht wurden[4].

---

[1] Daguet, Alexandre (1865): *Histoire de la Confédération suisse depuis les temps anciens jusqu'en 1864*, Lausanne, 118 ff.; Daguet, Alexander (1867) : *Geschichte der schweizerischen Eidgenossenschaft von den ältesten Zeiten bis 1866*, Aarau, 100 ff.; Daguet, Alexander (1868): *Abriß der Schweizergeschichte zum Gebrauch der Primarschulen*, Aarau, 17 f.; Daguet, Alexandre (1875): *Abrégé de l'histoire de la Confédération suisse à l'usage des écoles primaires*, Neuchâtel, 34 f.
Über Daguet als erster Historiker, von dem ein Geschichtsbuch für den Unterricht die offizielle Approbation und offizielle Bestellungen bekommen hat vgl.: Leonardis, Patrick de/Vallotton, François: *Législation, politique et édition au XIX^e siècle : le cas des manuels d'histoire dans le canton de Vaud*; in: *Revue historique vaudoise* (1997), 38 ff.
[2] Rilliet, Albert (1868): *Les origines de la Confédération suisse*. Histoire et légende ; Genève et Bâle
[3] Kreis, Georg (1999) : *Der Mythos von 1291*. Zur Entstehung des schweizerischen Nationalfeiertags; in: *Die Entstehung der Schweiz*, op.cit., 43 – 102, - Vom gleichen Autor eine mehr allgemeine und aktuelle Reflexion über die beiden eidgenössischen Gründungsdaten 1307 und 1291:
Kreis, Georg (2007): *1291 oder 1307 oder: Das Datum als Quelle*. Zum Streit über das richtige Gründungsdatum; in: *Der Geschichtsfreund*, 160(2007), 53 – 66
[4] Kreis, Georg (1999), op.cit., 81

Die Gründungsgeschichte 1291und ihre wissenschaftliche Begründung nehmen bei Daguet einen geziemenden Platz ein[1], sie bilden das Kernstück seines Werkes.

Bei der Verschiebung des Gründungsmythos von 1307 zu 1291 interessiert nicht nur die bloße Tatsache, sondern auch die Argumentation. Denn das neue Datum erforderte eine Revision der gängigen Darstellungen. Der *innere Widerspruch der unwissenschaftlichen Kritik im Namen der Wissenschaft*[2] war mit keiner Wissenschaft und keiner Logik aufzulösen[3].

Bereits Daguet kämpfte mit dieser Schwierigkeit. Er überwand sie mit der dialektischen Methode von These, Antithese und Synthese.

Und Daguet fand im folgenden Jahrhundert in der Person von Karl Meyer einen Nachfolger, der mit seiner Argumentation das Gründungsdatum 1291 als unumstößliche Gewißheit zu rechtfertigen versuchte.

## 3. Einige zeitgenössische Welschschweizer Historiker in ihren Ansichten über die Schweizer Gründungsgeschichte: Hisely, Secrétan, Rilliet, Hungerbühler, Bordier, Vaucher, Vulliemin

Daguet ist der Historiker des Schwyzer Gründungsdatums 1291. Deutschschweizer Historiker seiner Zeit übernehmen dessen Ansichten. Im 20. Jahrhundert werden Daguets Ansichten maßgebend, auch wenn sein Name nicht mehr erwähnt wird.

Doch Daguet stand auch in der Westschweiz nicht allein. Andere Historiker beschäftigten sich bereits vor seiner Wirkungszeit ebenfalls mit der Schwyzer Ursprungsgeschichte. Deren Namen tauchten bereits teilweise auf. Zu nennen sind Jean-Joseph Hisely, Edouard Secrétan, Albert Rilliet, Hugo Hungerbühler, Henri-Léonard Bordier, Pierre Vaucher und Louis Vulliemin.

---

[1] Daguet: *Histoire de la confédération Suisse* (1879/80), I, 157 - 207

[2] Kreis, Georg (1999); op.cit., 84

[3] Zur neueren wissenschaftliche Diskussion um den Bundesbrief 1291 - besonders im Zusammenhang mit Wilhelm Oechsli - vgl.: Buchbinder, Sascha: (2002): *Der Wille zur Geschichte*. Schweizergeschichte um 1900 – die Werke von Wilhelm Oechsli, Johannes Dierauer und Karl Dändliker; Zürich, 267, Anm. 138 ff.

Unbedingt sind diese Historiker wenigstens kursorisch mit ihren diesbezüglichen Werken zu nennen. Sie ergänzen und vervollständigen zum ersten Daguets Stellung in der Historiographie jener Zeit. Anderseits wird damit der Welschschweizer Beitrag zur Entstehung des modernen Schweizer Geschichtsbildes gewürdigt.

Als erster hat Jean-Joseph Hisely[1] in der ersten Hälfte des 19. Jahrhunderts sich mit der eidgenössischen Gründungsgeschichte im Detail beschäftigt.

Hiselys historische Arbeiten über die Ursprünge des Schwyzer Schwurbundes sind aus mehreren Gründen bemerkenswert.

Zum ersten hat er mit einer Widerlegung der berühmten Schrift von Uriel Freudenberger und Gottlieb Emanuel Haller *Wilhelm Tell, ein dänisches Märchen* begonnen und damit eine historiographische Brücke vom 18. zum 19. Jahrhundert geschlagen.

Dann zeigt Hisely, wie die historische Forschung vom Zeitenlauf abhängt: Der Historiker beginnt als unbedingter Anhänger der Tradition. Durch Kopps erste Publikation von 1835 verändert sich Hiselys Betrachtungsweise, indem er sich zur kritischen Methode bekennt. Bei den Quellen bekommt der Bundesbrief von 1291 für ihn ein besonderes Interesse, ohne daß er jedoch das Gründungsdatum der Eidgenossenschaft 1307/08 in Frage stellt. – Auch ist Hisely das Weiße Buch von Sarnen noch unbekannt.

Wilhelm Tell, dessen Geschichtlichkeit Hisely zuerst nachweisen wollte, steht auch in seinen weiteren Arbeiten im Mittelpunkt.

Dann hat vor Karl Meyer im 20. Jahrhundert kein Schweizer Historiker soviel Energie aufgewendet, um die eidgenössische Gründungsgeschichte wissenschaftlich zu beweisen, wie es Hisely tat.

Da Jean-Joseph Hisely in den Niederlanden studiert hat, sind seine beiden ersten Werke – welche zusammen seine Dissertation darstellen – dort erschienen.

---

[1] Über Hisely vgl. Feller/Bonjour, II, 684 f. - Kiener, Marc: *Dictionnaire des professeurs de l'Académie de Lausanne (1537 – 1890)* ; Lausanne 2005, 340 f. – Maurer, Peter: *Die Beurteilung Johannes von Müllers in der Schweiz während der ersten Hälfte des 19. Jahrhunderts* ; Basel u. Stuttgart 1973, 59 – 65 – Wyss, Georg von: *Geschichte der Historiographie in der Schweiz*; Zürich 1895, 321

Auf lateinisch verfaßte Hisely 1824 seine *Dissertatio inauguralis de Gulielmo Tellio libertatis helveticae vindice*[1] als schmales Büchlein von 24 Seiten Umfang.

Zwei Jahre später hatte Hisely seine Streitschrift zu einem Werk erweitert, das mit allen Beilagen und Einfügungen 279 Seiten umfaßte: *Guillaume Tell et la révolution de 1307, ou histoire des trois premiers cantons jusqu'au traité de Brunnen, 1315. Et réfutation de la fameuse brochure « Guillaume Tell, fable danoise »*[2].

Im Vorwort seines Werkes über Wilhelm Tell von 1826 schreibt Hisely, daß es vor allem die Argumente von Joseph Anton Felix Balthasar, Gottlieb Emanuel von Haller und Johannes von Müller waren, die ihn zu dem umfangreichen Werk veranlaßt hätten[3]. Und über seine Absichten läßt er keinen Zweifel, beschließt er die Vorrede doch mit den Worten:

*Pour moi, en érigeant à GUILLAUME TELL, dans le temple de la Liberté, un monument que la Vérité doit protéger, je n'ai songé qu'à l'honneur et à la gloire de ma patrie. Son approbation sera ma plus belle récompense*[4].

Hisely beginnt bei den Ursprüngen der Waldstätte. Hier läßt er die Antike aus und führt ziemlich schnell ins Hochmittelalter und zur Reichsgeschichte während der eidgenössischen Gründungszeit.

Das Verhalten von Albrecht I. von Österreich wird verurteilt. Er habe sofort nach der Thronbesteigung auf Rache gegen die freien Täler und Städte gesonnen. Seine Ermordung sei deshalb nichts als ausgleichende Gerechtigkeit gewesen.

Interessant ist bei Hisely dabei die psychologische Begründung des Aufstandes der Waldstätte: Wie haben sie wohl überlegt; welches waren die Alternativen; mußte man Albrechts Rache fürchten?

Die Geschichte von Wilhelm Tell zeigt sich als eine breit ausgewalzte Gründungsgeschichte, erzählt nach Aegidius Tschudi.

Hisely kennt die alten Einwände gegen die Tell-Fabel, von Guillimann über Freudenberger bis Voltaire. Er sieht auch den großen Zeitraum zwischen den angeblichen Taten des Helden und deren

---

[1] Erscheinungsort: Groningen 1824
[2] Erscheinungsort ist Delft 1826. Das Vorwort nennt jedoch Haag (La Haye).
[3] Hisely : *Guillaume Tell*, VI
[4] Hisely : *Guillaume Tell*, VII

erstmalige Aufzeichnung. Doch eine fundamentale Kritik der Geschichte bleibt aus.

Die Verteidigung von Wilhelm Tell führt Hisely zur Weltgeschichte. Er äußert sich ausführlich über die Geschichte des Toko bei Saxo Grammaticus, um dann andere Helden zu beschwören: Fabius Cunctator wird erwähnt, aber auch das Heldentum den Venners Brügger beim Kampf am Laubeggstalden vor Bern 1289.

Gemeinsam ist diesen Erwähnungen, daß die verschiedenen Exempel von Heldentaten aus der ganzen Welt und allen Epochen einen wahren Grund hätten. Mythen und Traditionen seien in allen Völkern die ältesten Geschichtsquellen. Man müsse diese Zeugnisse nur mit der nötigen Vorsicht aufnehmen.

Nach Hisely sei die Nichterwähnung von Tell in einer Chronik zu untersuchen. Aber nach ihm zähle vielmehr, daß zum Beispiel die österreichisch gesinnte Klingenberger Chronik den Urner Helden erwähne.

Hiselys Argumentation geht dabei bis in die Details: Wieviel Tage verstrichen zwischen der Zusammenkunft auf dem Rütli und Tells Apfelschuß? – Und die Kenntnis der Armbrust sei weltweit verbreitet, von Asien als Ursprungsland bis in die Neue Welt.

Zwar gesteht der Forscher ein, daß Tell bei seiner Überführung über den Vierwaldstättersee und seinem Sprung auf die Felsplatte kaum die Armbrust bei sich gehabt hätte. Aber nach Hisely hätte sich der Held danach sofort ebenso leicht eine neue Waffe besorgen können wie heute jemand ein Gewehr.

Im Übrigen nimmt Hisely wieder die ganze Tell-Tradition auf, mit dem Tellenlied, den Tell-Kapellen und ausländischen Heldenerzählungen bis hin zum bereits behandelten Saxo Grammaticus.

Vor den Anmerkungen gibt Hisely in einem vierten Teil zwei Verteidigungsschriften für Tell wieder, nämlich die *Défense de Guillaume Tell* von Joseph Anton Felix Balthasar von 1760 und von Gottlieb Emanuel von Haller *Wilhelm Tell. Eine Vorlesung, gehalten im hochlöblichen Äußeren Stande zu Bern den 21. März 1772.*

In der Verteidigung von Wilhelm Tell brilliert Hisely in dem Werk von 1827 vor allem durch seine historisch-philologische Eloquenz. Seine Argumentation verliert sich allerdings manchmal in sonderbaren Schlußfolgerungen. So behauptet Hisely etwa, die Geschichte von

92

der Thebäischen Legion sei wohl eine Legende. Aber dies berechtige nicht, mit der Tell-Sage gleich zu verfahren[1].

Auch stellt Hisely in seinem Tell-Buch einen ausführlichen Katalog von Merkmalen auf, um ein Ereignis als wahr oder falsch zu erkennen[2].

Als Fortsetzung von Hiselys Forschungen und Ansichten erschienen dann in seiner Zeit als Professor in Lausanne zuerst der *Essai sur l'origine et le développement des libertés des Waldstetten Uri, Schwyz, Unterwalden, jusqu'à leur premier acte de souveraineté et à l'admission de Lucerne dans leur confédération, en 1332, suivi de l'examen du mémoire M. le Dr. A. Heusler intitulé « Die Anfänge der Freiheit von Uri »* (1839).

Zwei Jahre später folgte *Les Waldstetten Uri, Schwyz et Unterwalden, considérés dans leurs relations avec l'Empire germanique et la maison de Habsbourg* (1841).

Der *Essai sur l'origine et le développement des libertés des Waldstetten* von 1839 steht klar in der von Kopp eben begründeten historischen Optik.

In einem ausführlichen, Charles Monnard gewidmeten Vorwort legt Hisely die Grundgedanken des *Essai* dar: Er spricht von dem neuen Werk *dont les conclusions, découlant de renseignements puisés aux sources authentiques et non dans la tradition, ...*[3].

Hisely läßt auch hier keinen Zweifel an seiner patriotischen Gesinnung aufkommen und bezeichnet deshalb seinen *Essai* als *une œuvre patriotique*[4].

Aber jetzt will Hisely der Geschichte kritischer gegenüberstehen. Unter dem Eindruck von Kopp verändert sich seine Einschätzung der Quellen: Urkunden werden bevorzugt, Chroniken hintangestellt.

---

[1] Hisely : *Guillaume Tell*, 120: *Qu'on refuse de croire l'histoire de la fameuse légion Thébéenne, ce n'est pas une raison de renier celle de Tell.*
Vgl. als neues Werk über das Thema der Thebäischen Legion: *Mauritius und die Thebäische Legion – Saint Maurice et la Légion Thébaine*, hg. Von Wermelinger, Otto u.a.; Fribourg 2005
[2] Hisely : *Guillaume Tell*, 135 ff.
[3] Hisely : *Essai sur l'origine des Waldstetten*, X
[4] Hisely : *Essai sur l'origine des Waldstetten*, XXXII

Doch behauptet Hisely, von Kopp unabhängig zu sein: Bei der Wahrheit stimme er mit diesem überein. Doch beim Recht, besonders jenem der Feudalzeit, sei er anderer Meinung[1].

Im Besonderen kritisiert Hisely Tschudi: *Il ne nous a donné que des matériaux pour l'histoire, non une histoire véritable*[2]. Und über Tschudi und Johannes von Müller sagt er: *La grande faute de Muller, comme de Tschudi, a été d'ajouter trop de foi à une tradition obscure*[3].

Hisely geriet gegenüber Johannes von Müller in einen Zwiespalt: Er kritisierte dessen Veraltung der Geschichte, befürchtete aber, dadurch dessen patriotische Grundlage zu zerstören[4].

Allgemein hält Hisely zur Meinung, daß die Waldstätte zuerst nicht beabsichtigt hätten, sich vom Reich zu lösen. Es sei die Abneigung gegen die österreichische Herrschaft gewesen, welche in den Ländern der Innerschweiz einen unumstößlichen Freiheitswillen entfacht habe[5].

Zentral ist in dieser Schrift die Betrachtung der Urkunde vom August 1291. Diese betrachtet Hisely zuerst unter dem Gesichtspunkt des Feudalrechts, um hernach die Bundesgründung in einen geschichtlichen Zusammenhang zu stellen.

Einen Widerspruch sieht Hisely in dem Diplom von 1291 nicht. Offenbar ist dieses Dokument fugenlos in die Geschichte der Waldstätte einzufügen.

Die Schrift *Les Waldstetten Uri, Schwyz, Unterwalden* von 1841 bezeichnet er schon im Untertitel als Supplement seines zwei Jahre vorher erschienenen *Essai*.

Das Vorwort dieser Schrift ist zweigeteilt: Historische Neuerscheinungen vor der Drucklegung veranlaßten Hisely, dieses zu ergänzen.

Der Inhalt dieser Folgeschrift über die Gründung der Waldstätte zeigt sich als eine Aneinanderreihung von Spezialfragen: Das Amt des Landgrafen im Aargau, die Beziehungen der Länder zum Heiligen

---

[1] Hisely : *Essai sur l'origine des Waldstetten*, XXVIII
[2] Hisely : *Essai sur l'origine des Waldstetten*, XXII
[3] Hisely : *Essai sur l'origine des Waldstetten*, XXV
[4] Maurer: *Die Beurteilung Johannes von Müllers*; op.cit., 61
[5] Hisely : *Essai sur l'origine des Waldstetten*, 65

römischen Reich, das Motiv und der Zweck der Urkunde von Faenza 1240 und die gesellschaftlichen Verhältnisse in der Innerschweiz im 13. und 14. Jahrhundert.

Nochmals zwei Jahre später beschloß Hisely seine historischen Forschungen zu den genannten Themen mit den *Recherches critiques sur l'histoire de Guillaume Tell* (1843).

Mit den *Recherches* von 1843 nimmt Hisely noch einmal sein anfängliches Lieblingsthema auf, das er hier auf fast 250 Seiten mit vielen eingefügten Dokumenten abhandelt. Kopp ist auch hier der Auslöser der Darlegungen. Doch die frühere fast apodiktische Bejahung der Tell-Legende ist einer breiten, nüchternen Darstellung der Quellen und der bejahenden wie verneinenden Argumente gewichen. Mit einer akribischen Ausführlichkeit behandelt Hisely jede Einzelheit der Tell-Überlieferung, vom Namen, über den Gessler-Hut, den Apfelschuß, das Vorhandensein eines zweiten Pfeils im Köcher des Schützen bis zur Tat in der Hohlen Gasse.

Erstaunlich und fast einzigartig in der ganzen neueren Historiographie ist Hiselys Eingehen auf Fragen der Chronologie. Diesen widmet er ein ganzes Kapitel[1].

Der Reihe nach bespricht Hisely verschiedene vorgebrachte Daten der eidgenössischen Bundesgründung und der Tell-Geschichte: 1338, 1334, 1314, 1307/08, aber auch 1296 und 1298.

Hisely verwirft die gebräuchlichen Gründungsdaten 1314 und 1307/08: Stumpf habe 1314 vorgebracht, weil er die Urkunde von 1291 nicht gekannt habe; und das Datum von Tschudi und Johannes von Müller sei eine bloße Übereinkunft[2].

Hisely hält weiter zur Geschichtlichkeit des Heroen und scheidet einzig den Apfelschuß als unhistorisch ab. Doch mildert er Tells Bedeutung innerhalb der eidgenössischen Bundesgründung:

*Guillaume Tell ne fut pas le chef d'un mouvement national. Son impétueuse vivacité le rendait peu propre à diriger une multitude impatiente de secouer le joug. Guillaume Tell n'a pas décidé de l'avenir de sa patrie. Il ne fut pas le libérateur du peuple, mais il fut le premier et le plus ardent défenseur des droits de l'homme libre. ... Mais la faveur populaire a trop exalté le mérite de Guillaume Tell, au dé-*

---

[1] Hisely : *Recherches critiques*, 552 - 559
[2] Hisely : *Recherches critiques*, 554 f.

95

*triment de la gloire que peuvent revendiquer les trois héros du Grutli, qui furent les sauveurs de la liberté helvétienne, les vrais fondateurs de la Confédération[1].*

In seiner Kritik an der Tellen-Geschichte nähert sich Hisely in der Diktion an Voltaire: *Dans l'histoire de l'origine de la confédération suisse, le fait controversé de la pomme et des deux flèches est un épisode mal cousu et facile à détacher[2].*

Hisely zeigt sich in seinen Schriften als der große Fortsetzer des Tellstreites ab 1760[3]: In ihm widerspiegelt sich das ganze Spektrum der Meinungen zum Heroen, von der bedingungslosen Annahme der Legende über die kritische Distanz bis zur völligen Ablehnung.

Karl Meyer bezeichnet Hisely später als einen *Traditionsfreund[4]*, der in seinem Hauptwerk der meist zitierte und am meisten angesehene Welschschweizer Historiker der eidgenössischen Gründungsge-schichte wird.

Hisely, der sich mit seinen Darlegungen über die Geschichtlichkeit Tells und über die Quellen zur Tell-Legende häufig in skurille Subtili-täten und Argumentation abgleitet, wird im 20. Jahrhundert nach Karl Meyer einen Geistesverwandten und Fortsetzer in Bruno Meyer[5] fin-den.

Daguet kennt Hisely selbstverständlich, zitiert ihn aber in seiner gro-ßen Schweizer Geschichte nicht.

---

[1] Hisely : *Recherches critiques*, 587
[2] Hisely : *Recherches critiques*, 600
[3] Darüber: Dürr, Matthias; 92 ff.
Vgl. als wichtigste neuere zusammenfassende Betrachtungen über den Problemkreis Wilhelm Tell: Stunzi, Lilly (1973): *Tell. Werden und Wandern eines Mythos*; Bern; Bergier, Jean-François (1991): *Wilhelm Tell. Realität und Mythos*; München – Leipzig (Übersetzung aus dem Französischen).
Der Sammelband *Die Erfindung Tells oder Der eidgenössische Gründungsmythos von 1307* (auf dem Umschlag steht: *Die Erfindung des Wilhelm Tell*
(*Der Geschichtsfreund*. Mitteilungen des Historischen Vereins Zentralschweiz, 160, 2007) wird dem Titel mit keinem Beitrag gerecht.
[4] Meyer, Karl: *Urschweizer Befreiungstradition*, 3, Anm. 1
[5] Meyer, Bruno (³1985): *Weißes Buch und Wilhelm Tell*; Weinfelden. Der Au-tor zitiert dort Hisely nicht. Sicher kannte er dessen Argumente via Karl Meyer.

Albert Rilliet[1] (1809 – 1883) aus Genf war zuerst Literaturprofessor an der dortigen Akademie, bevor er sich privaten historischen Studien widmete. Bleibende Bedeutung erlangte er mit seinem Hauptwerk *Les origines de la confédération suisse, histoire et légende* (Genève 1868).

Im Vorwort zur ersten Ausgabe von 1867 erklärt Rilliet sein Buch als *l'œuvre d'un citoyen heureux d'être libre et d'un critique qui préfère la recherche de la vérité au prestige de la tradition*[2].

Getreu dem Untertitel seines Werkes unterteilt Rilliet sein Werk in zwei Teile: Die Geschichte beginnt für ihn bei den Kelten, Römern und Alemannen und der Kolonisierung der Waldstätte. Es geht weiter zur inneren Verfassung der drei Orte bis zum 13. Jahrhundert, der politischen Emanzipation der Waldstätte und endet mit den Fortschritten und der endlichen Befreiung der inneren Orte bis 1315.

Unter dem Legenden-Teil zählt Rilliet verschiedene Legenden und Sagen auf, deren zentraler Teil um Wilhelm Tell kreist.

Kühn beginnt Rilliet bei der Besiedelung der Waldstätte mit den Kelten, Römern und Alemannen. Und entgegen den ältesten Chroniken verwirft er apodiktisch jede ausländische Herkunft als *origines chimériques*[3].

Dennoch muß Rilliet anerkennen, daß vor der spätkarolingischen Zeit keine gesicherten Erkenntnisse über die Inneren Orte vorlägen und man das meiste durch Deduktion gewinnen müsse.

Und für die verfassungsrechtlichen Anfänge von Uri, Schwyz und Unterwalden muß sich der Historiker notgedrungen auf die wenigen Urkunden abstützen.

Interessanter als die langen Ausführungen über das Werden der Länder sind einige bildhafte Vergleiche. Gleich am Anfang zeichnet Rilliet ein Hochgebirgspanorama mit Titlis, Tödi, den Clariden, dem Pilatus, dem Rigi und den Mythen[4].

Merkwürdig mutet Rilliets Vergleich zwischen den engen Tälern der Innerschweiz und den Bürgern innerhalb der enggezogenen Mauern ihrer Städte an: Diese besondere Situation habe ihnen die Gelegen-

---

[1] Über Rilliet vgl. Feller/Bonjour, II, 693 f.
[2] Rilliet : *Origines*, VIII
[3] Rilliet : *Origines*, 20
[4] Rilliet : *Origines*, 7

heit gegeben, das öffentliche Leben zusammengehörig und dauer-
haft zu formen[1].

Das Privileg, welches König Rudolf von Habsburg – kurz vor seinem
Tod - den Leuten von Schwyz im Februar 1291 gegeben hatte, interpretiert Rilliet dialektisch: Bei der deutschen Wahlmonarchie habe
eine solche Bestätigung einen Grund zur Unsicherheit, ein *sentiment
d'inquiétude*[2] vorbereitet.

Dergestalt kann sich Rilliet der Besprechung des Bundesbriefes von
1291 widmen, den er für authentisch hält und nur bemängelt, daß
das Diplom keine Namen nennt.

Bei Rilliets Aussagen über den Bundesbrief 1291 ist man erstaunt,
daß er nirgends irgendwelche Einwände oder Zweifel an dem Dokument erwähnt. Hier verliert sich der Historiker vollständig in urkundlichen Erörterungen.

Einzig am Schluß des ersten Teils, bei der Besprechung des Bundes
von Brunnen 1315 stellt Rilliet *l'insuffisance et l'existence précaire du
premier pacte de 1291*[3] fest – ohne jedoch grundsätzliche Bedenken
zu bringen.

Bei den Ausführungen über Unterwalden behauptet Rilliet, die Sitte
für den Kaiser Kriegsdienste zu leisten, sei unter Friedrich II. von
Hohenstaufen aufgekommen[4]. – Damit setzt er sich in offenen Konflikt mit den ältesten Chroniken. Diese lassen militärische Unterstützung für die römischen Kaiser bekanntlich schon in der Antike – teilweise sogar schon vor Christi Geburt beginnen.

Rilliet findet es unrichtig, Albrecht von Habsburg als Tyrannen zu be-
zeichnen:

*Ce n'était certes pas un souverain débonnaire et moins encore un
prince aimable; mais rien, non plus, n'autorise à faire de lui un des-
pote féroce, un tyran malfaisant et arbitraire*[5].

Am Anfang des zweiten Teils von Rilliets Untersuchung über die Ursprünge der Eidgenossenschaft gesteht der Autor zur Quellenlage,
daß zur Zeit von Morgarten noch keine schriftlichen historischen

---

[1] Rilliet : *Origines*, 58
[2] Rilliet : *Origines*, 88
[3] Rilliet : *Origines*, 196
[4] Rilliet : *Origines*, 92
[5] Rilliet : *Origines*, 125

98

Aufzeichnungen bestanden hätten[1]. Und vor allem vermelde die authentische Überlieferung nichts von heroischen Ereignissen wie einem Aufstand der Waldstätte. Einzig das Datum der Schlacht von Morgarten bezeuge einen plötzlichen Bruch der Eidgenossen mit Österreich.

Bei der Besprechung der schriftlichen Tradition ist interessant, daß Rilliet neben Tschudi auch seinen Vorgänger Stumpf zitiert – eine Ausnahme beinahe in der ganzen Schweizer Geschichtsforschung.

Hierbei läßt sich Rilliet manchmal von der falschen Chronologie irreführen, etwa wenn er sagt, Stumpf schildere Ähnliches über die Waldstätte wie Justinger.

Weil Rilliet die große Chronik von Stumpf studiert hat, begegnet ihm dort das ursprüngliche Datum der Bundesgründung 1314. Dieses hält er jedoch für eine neue vom Chronisten eingefügte Jahrzahl[2].

Wie an Stumpf, so übt Rilliet auch Kritik an Tschudi, wenngleich er dort versucht, ausgewogener zu urteilen.

Interessant und in gewissem Sinne richtig ist Rilliets Hinweis, daß bis zu Johannes von Müller die nationale Tradition nur bei der Geschichte von Wilhelm Tell bezweifelt worden sei[3].

Der zweite Teil von Rilliets Werk, welches der Geschichtslegende gewidmet ist, enthält mancherlei Details und Hinweise, ohne grundsätzlich neue Aspekte zu liefern.

Der Schluß des Kapitels *La tradition contestée* bringt zuerst eine vehemente Kritik an J.E. Kopp, dem es nicht gelungen sei, das Talent eines Schriftstellers mit der Kunst der Darstellung zu vereinen[4].

Am Schluß weitet sich Rilliets Betrachtung über die vergebliche Suche nach den wahren Ursprüngen der Eidgenossenschaft und der Hartnäckigkeit der Legenden zu einer geschichtsphilosophischen Betrachtung.

Besonders interessant ist dabei Rilliets Gedanke, die Schweiz solle – wie das Alte Rom – stolz sein auf seine fiktive Gründungsgeschichte, welche zu einem unvergänglichen Meisterwerk zusammenge-

[1] Rilliet : *Origines*, 206
[2] Rilliet : *Origines*, 282
[3] Rilliet : *Origines*, 310
[4] Rilliet : *Origines*, 320

schmiedet sei. Und sowohl die Geschichte wie die Legende hätten ihren Wert, stellten einen nationalen Schatz dar[1].

Den *Notes explicatives* stellt Rilliet ein Verzeichnis der neueren Literatur über die eidgenössische Gründungsgeschichte voran. Daguet wird dort nicht erwähnt.

Das Werk von Rilliet wurde einige Jahre später auch ins Deutsche übersetzt[2].

Rilliets Werk wird später von Daguet in seiner Schweizergeschichte von 1879/80 häufig zitiert. Der Letztgenannte lobt dort Rilliet als einen Historiker, *auquel on doit un lumineux ouvrage où il a condensé et analysé toutes les recherches relatives aux origines de la Confédération*[3].

Der inhaltliche Reichtum von Rilliets Werk über die Ursprünge der Eidgenossenschaft forderte in der Romandie drei Historiker zu Stellungnahmen heraus: Henri-Louis Bordier, Edouard Secrétan und Hugo Hungerbühler.

Der Aufsatz *Les origines de la Confédération suisse* von Secrétan erschien im literarischen Feuilleton der *Gazette de Lausanne*, 1868 und zitiert im Titel das Werk von Rilliet und dasjenige von Bordier.

Einleitend lobt Secrétan das Buch von Albert Rilliet als *un résumé lucide et attrayant des travaux de la critique moderne touchant l'histoire de l'affranchissement des Waldstätten*[4].

Die Arbeit von Henri-Louis Bordier, der versuche, alle Negationen der historischen Schule und besonders die Ergebnisse von Rilliet zu widerlegen, hält der Verfasser für ebenfalls interessant.

Secrétan hält zuerst fest, daß die Befreiungsgeschichte aus zwei verschiedenen Teilen zusammengefügt sei: der Legende von Wilhelm Tell – die nach ihm einen arischen Mythos (*un mythe Arien*) darstelle[5] - und der Geschichte von der Verschwörung auf dem Rütli (Grütli).

---

[1] Rilliet : *Origines*, 326
[2] *Der Ursprung der schweizerischen Eidgenossenschaft.* Geschichte und Sage; Aarau 1873
[3] Daguet (1879/80) : *Histoire de la Confédération suisse*; I, 176
[4] Secrétan : *Origines*, 1
[5] Secrétan : *Origines*, 3

Hierauf diskutiert Secrétan die Möglichkeit einer mündlichen Überlieferung. Denn auch ihn beschäftigt der Umstand, daß es über die Befreiung der Waldstätte keine zeitgenössischen Aufzeichnungen gebe und man die nachfolgenden Chroniken, also Johannes von Winterthur, Mathias von Neuenburg und Justinger deshalb mit Vorsicht aufnehmen müsse.

Anderseits weist Secrétan den Vorwurf gegenüber Tschudi, er habe die Akteure des Innerschweizer Befreiungskampfes erfunden, zurück. Ebenfalls sieht der Autor in der bedingten Aussagekraft der Urkunden einen grundsätzlichen Einwand gegen die Geschichtlichkeit der Erzählungen.

Im Besonderen hält Secrétan die angebliche Untätigkeit von Kaiser Albrecht I. nicht gegeben. Auch behauptet er, alle Dokumente wiesen auf einen Befreiungskampf der Waldstätte vor dem Jahre 1309 hin.

Secrétan zieht den Schluß, daß die zeitgenössischen Dokumente keinen Beweis gegen die Falschheit der Tradition lieferten. Es müsse also um 1308 ein Ereignis gegeben haben, welches von den Erzählungen beschrieben wird.

Schon diese kurze Inhaltsangabe zeigt die gegenüber Rilliet verengte Betrachtungsweise der Gründungslegende auf. Es wird versucht, Überlieferung und Geschichte in Einklang zu bringen und Einwände zu entkräften. Das Unbehagen gegenüber der Geschichte von der Entstehung der Eidgenossenschaft bleibt jedoch.

Henri-Louis Bordiers Schrift *Le Grütli et Guillaume Tell ou défense de la tradition vulgaire sur les origines de la confédération suisse* (Genève et Bâle 1869) stellt sich schon im Titel als Verteidigung der Legende von Wilhelm Tell dar, mit einer Spitze gegen Albert Rilliet. Das 69-seitige Pamphlet enthält ebenfalls Beweisdokumente (*pièces justificatives*).

Der Schrift von Bordier ist eine Entgegnung von Albert Rilliet angefügt: *Lettre à M. Henri Bordier a propos de sa défense de la tradition vulgaire sur les origines de la confédération suisse par Albert Rilliet* (Genève et Bâle 1869). Im gleichen Jahr mit denselben Druckorten antwortete Bordier mit einer Replik *La querelle sur les traditions concernant l'origine de la confédération suisse*.

Bordiers erste Schrift enthält statt eines Vorwortes einen offenen Brief an Albert Rilliet, den er als geschätzten Mitarbeiter anspricht, an dem er *cette fermeté de pensée, cette rectitude de déduction*[1] bescheinigt, dem er aber eine andere Meinung entgegenstellt.

Bordier zeigt sich in seinen Darlegungen als ein unbedingter Verfechter der eidgenössischen Gründungsgeschichte in allen ihren Prämissen und in ihren hauptsächlichen Inhalten dar. Seine Beweisführung ist zwar vordergründig dialektisch, aber letztlich linear.

Es beginnt mit der Annahme, daß die Täler um den Vierwaldstättersee schon in keltischer Zeit besiedelt gewesen seien – obwohl er die schwachen Indizien einräumt.

Um so ausführlicher widmet sich Bordier Dokumenten, die er für echt hält, beginnend mit der Fraumünster-Urkunde von 853.

Bordier kennt den 1. Januar 1308 als Datum von Tschudi. Trotzdem verwirft er in einer spitzfindigen Argumentation das angebliche Schweigen der habsburgischen Gegner gegenüber der Erhebung.

Dem Schweigen zeitgenössischer Quellen über einen Rütli-Schwur und über Wilhelm Tell entgegnet Bordier mit dem Hinweis im Bundesbrief von Brunnen: Die dortige Erwähnung früherer Zustände stellt nach ihm einen Beweis für vorzeitige besondere Ereignisse dar.

Der chronologischer Hiatus zwischen der Epoche der Befreiungsgeschichte und den Chroniken fällt Bordier auf. Justinger zum Beispiel sei um 1420 geschrieben worden. Aber in seinen Ausführungen verrate er einen Mann, der ganz im 14. Jahrhundert verwurzelt sei. Folglich müsse seinen Ausführungen über die Waldstätte ein großer Wahrheitsgehalt zukommen.

Bei Wilhelm Tell räumt Bordier zuerst ein, daß die Befreiungsgeschichte ohne diese Erzählung auskomme. Doch es müsse in der besagten Zeit ein reger Austausch mit Skandinavien stattgefunden haben. Dadurch sei die Geschichte eines Wilhelm Tell unter der Umformung Toko von Uri nach Skandinavien gekommen.

Bordier schließt seine Schrift mit der Bemerkung, er möchte gerne ein Bürger von Uri sein und vor allem auf dem Hauptplatz von Altdorf eine Marmorstatue von Wihelm Tallo (!) sehen. Dieser habe in einer unbekannten Vergangenheit als mutiger Bergler einen frechen Gegner getötet.

---

[1] Bordier : *Le Grütli et Guillaume Tell*, 5

Bordiers Schrift ist leicht zu widerlegen: Sein Versuch, die Geschichte der Waldstätte und die Gründungsgeschichte mit allen wesentlichen Einzelheiten als richtig zu erweisen, ist sehr gewagt. Die Argumente für die Wahrhaftigkeit der Überlieferungen erweisen sich großenteils als spitzfindig. Sein Vertrauen in die Inhalte der Dokumente und vor allem die Chronologie ist teilweise grotesk. Geschichtskritik kommt nicht vor, Quellenkritik ebenso wenig.

Doch für einen kleinen Historikerstreit eignete sich Bordiers Verteidigung der Geschichtlichkeit der Waldstätte gut. Das erklärt Rilliets unmittelbare Antwort und Bordiers ebenso spontane Replik.

Albert Rilliet antwortete Henri Bordier mit einer 55-seitigen Entgegnung.

Einleitend weist Rilliet die Behauptung seines Kontrahenten zurück, er sei der einzige Verfechter oder sogar Urheber der von ihm dargestellten These über den Ursprung der Eidgenossenschaft. Und er fragt Bordier, wie er sich zum Verfechter der Tradition aufschwingen könne, wenn er diese gleichzeitig in allen Punkten verneine.

Zentral ist Rilliets Vorwurf an Bordier, er halte die Befreiungsgeschichte der Waldstätte für einen abrupten Vorgang. Dagegen bewiesen die Dokumente, daß die Bundesgründung eine evolutionäre Entwicklung gewesen sei: *D'un affranchissement lentement préparé par la marche naturelle des événements et par les voies ordinaires de la politique, vous faites un affranchissement subit et révolutionnaire*[1].

Bei der Tellen-Frage behauptet Bordier, daß die Schweizer Legende am Ursprung des dänischen Märchens stehe. Damit aber lasse er bildlich gesprochen den Kranken sterben, damit man das Heilmittel anwenden könne. Bordiers Argumentation sei absurd. Einerseits habe Tell keine Rolle in der Geschichte gespielt; anderseits sei die Gestalt eine literarische Schöpfung. So aber werde Wilhelm Tell überflüssig: *Il perd du même coup sa raison d'être aussi bien dans la légende que dans l'histoire*[2].

Bordier kontert Rilliet mit einer Schrift *La querelle sur les traditions suisses*, die zuerst im Juli 1869 im *Journal de Genève* erschienen ist.

---

[1] Rilliet : *A M. Henri Bordier*, 15
[2] Rilliet : *A M. H. Bordier*, 52

Wiederum bemüht Bordier alle möglichen Argumente, um eine frühe Besiedelung der Innerschweiz plausibel zu machen: Eine solche sei zwar nicht belegt. Aber man könne jene Länder auch nicht während Jahrhunderten als eine Siedlungswüste ansehen.

Und die gewissen Unterschiede zwischen der Tradition und den Urkunden, ebenso die gewaltige zeitliche Verzögerung der chronikalischen Aufzeichnung, könnten die Wahrhaftigkeit der ursprünglichen Geschichte nicht beeinträchtigen. Bordiers Schlußfolgerung ist deshalb:

*La tradition peut subsister d'autant plus calme que les critiques ne répondent pas suffisamment non plus à un argument de simple bon sens qu'on leur avait opposé à peu près en ces termes: ...*[1]

Bordier macht sich hier – vierzig Jahre nach dem historischen Anfangswerk von Hisely - zum unbedingten Verteidiger sowohl der Tradition wie der Legende von der Gründung der Eidgenossenschaft. Doch damit schiebt er die unterdessen groß gewordene kritische Geschichtsmethode auf die Seite.

Pierre Vaucher (1813 – 1898)[2] aus Genf studierte in seiner Heimatstadt Theologie, um sich später ganz der allgemeinen und besonders der Schweizer Geschichte zu widmen. *Er hat die kritische Methode nicht nach der Westschweiz gebracht, aber er hat sie dort verbreitet und zur geistigen Haltung gemacht*[3].

Vaucher schrieb nicht große Geschichte, sondern äußerte sich in kleineren Schriften dazu. In diesem Zusammenhang interessieren drei Publikationen.

Die *Esquisses d'histoire suisse* (Lausanne 1882) sind dem Andenken an Louis Vulliemin gewidmet und soll nach dem Vorwort einem historisch interessierten Publikum der Romandie *un tableau simple et clair des origines et du développement de la Confédération suisse*[4] bieten.

Richtig stellen die *Esquisses* einen Abriß der Schweizergeschichte von der Gründung der Eidgenossenschaft bis zur Reformation dar.

---

[1] Bordier : *La querelle sur les traditions suisses*, 24

[2] Zu Pierre Vaucher vgl. Feller/Bonjour, II, 694 f. Ferner : Gardy, Frédéric: *Pierre Vaucher, 1833 – 1893 : allocution et bibliographie* ; Genève 1899

[3] Feller/Bonjour, II, 694

[4] Vaucher, Pierre : *Esquisses d'histoire suisse*, Lausanne 1882, avertissement

Gleich zu Beginn skizziert Vaucher die Gründung der Eidgenossenschaft als eine Tat der Urkantone. Die Städte seien erst nachher
zum Bund gestoßen. Und der ursprüngliche Bund sei 1245 vorbereitet, 1291 beschworen und 1315 verteidigt worden.

Im Detail wird zum Datum 1245 erklärt, daß die Schwyzer und nachher die Unterwaldner die Absetzung des Kaisers auf dem Konzil von
Lyon zum Anlaß genommen hätten, sich vom Imperium loszusagen.

Als Literatur zur Gründungsgeschichte gibt Vaucher die Urkunden-
werke von Joseph Eutych Kopp, Gustav Waitz und H. Wartmann an.
Als Sekundärliteratur nennt er unter anderem Georg von Wyss und
seine Landsleute Albert Rilliet und Hugo Hungerbühler.

Für Vaucher endet mit den Schlachten von Sempach und Näfels das
heroische Zeitalter der Eidgenossenschaft. Diese habe im folgenden
Jahrhundert ohne große Veränderungen den Übergang von der De-
fensive in die Offensive geschafft[1].

Mit den Burgunderkriegen seien die Eidgenossen nach Vaucher in
die europäische Politik eingetreten. Dabei zitiert er mehrere neuere
Untersuchungen zu den Ursachen der jener Auseinandersetzung:
von G.F. Ochsenbein die *Kriegsgründe und Kriegsbilder der Burgunderkriege* (1876), von Karl Dändliker die *Ursachen und Vorspiel der
Burgunderkriege* (1876) und von Ulrich Meister die *Betrachtungen
über das Entstehen der Burgunderkriege und den Verlauf des Tages
von Murten* (1877)[2].

Doch auch Vaucher hat sich anläßlich des Gedenkjahres 1876 mit
dem Artikel *Causes et préliminaires de la guerre de Bourgogne* (*Revue historique*, mars 1877) zu dem Thema geäußert. – Und sicher ist
ihm die Polemik um die Thesen von Frédéric de Gingins-La Sarraz
aus den 1840er Jahren geläufig gewesen[3].

Ausführlich geht Vaucher auch auf die Vorgänge um das Stanser
Verkommnis ein. Dabei charakterisiert er den Einsiedler Nikolaus
von Flüh mit dem Dichter Lamartine:

*L'esprit de la prière et de la solitude*
*Qui plane sur les monts, les torrents de les bois,*

---

[1] Vaucher : *Esquisses*, 51
[2] Vaucher : Esquisses, 51, Anm. 1
[3] Vgl.: Pfister, Christoph (2019) : *Beiträge zur Freiburger Historiographie des
18. und 19. Jahrhunderts*; Norderstedt; 47 ff.

*Dans ce qu'aux yeux mortels la terre a de plus rude*
*Appela de tout temps des âmes de son choix[1].*

Den zweiten Teil seines schmalen Werkes widmet Vaucher der Reformation, wobei er schon in einem Titel ein Urteil über jene Ereignisse fällt: *Progrès, périls et catastrophe de la Réforme[2]*. – Mit der Katastrophe ist die Schlacht von Kappel gemeint: *Une défaite aussi honteuse fut décisive[3]*.

Ein abgedruckter Vortrag über Calvin hebt im Denken des Reformators drei Punkte hervor. Als ersten und wichtigsten nennt Vaucher *un système dogmatique, qui, malgré ses imposantes apparences, n'a guère d'autre originalité que d'avoir développé avec une irrésistible logique les théories antérieures de l'élection divine et de l'eternelle prédestination[4]*.

Ein Appendix mit Textauszügen aus dem 15. Jahrhundert schließt Vauchers Buch ab.

*Les traditions nationales de la Suisse. Etudes anciennes et nouvelles* (Genève 1885) stellt nach dem Vorwort eine Sammlung von Aufsätzen dar, die zum großen Teil im *Indicateur d'histoire suisse* zwischen 1874 und 1884 erschienen sind. Und der Verfasser fühlt sich besonders Georg von Wyss verpflichtet[5].

Das schmale Werk bedeutet eine geradlinige Fortsetzung der *Esquisses* in dem Sinne, daß sich Vaucher hier auf die Quellen zur Gründungsgeschichte der Eidgenossenschaft beschränkt. Nach einer allgemeinen Betrachtung folgen Aufsätze über die Sage vom Herkommen der Leute von Schwyz und vom Hasli, die Chronik von Strättligen, Felix Hemmerli und sein *Dialogus* und drei Kapitel über das Weiße Buch von Sarnen. – Textauszüge aus dem Weißen Buch, aus Saxo Grammaticus, dem Lied vom Ursprung der Eidgenossenschaft und der Legende von Toko schließen das Buch ab.

---

[1] Das Zitat stammt aus: Alphonse de Lamartine: *Harmonies poétiques et religieueses* 11 (1830) : *L'abbaye de Vallombreuse*
[2] Vaucher : *Esquisses*, 121
[3] Vaucher : *Esquisses*, 147
[4] Vaucher : Esquisses, 162
[5] Vaucher, Pierre : *Les traditions nationales de la Suisse. Etudes anciennes et nouvelles* ; Genève 1885, *avant-propos*

In der Einleitung (*Vue générale du sujet*) stellt Vaucher die fundamentale Dichotomie zwischen der eidgenössischen Befreiungstradition und der kritischen Betrachtung der Quellen dar:

*Il y a entre le récit traditionnel et l'exposé authentique des origines de la Confédération suisse une différence telle qu'il faut d'emblée renoncer à toute pensée de conciliation*[1].

Im Besonderen streicht Vaucher die Crux heraus, daß man sich bei der Schwyzer Gründungsgeschichte entweder auf die raren Dokumente des 13. Jahrhunderts oder auf die Chronisten des 15. Jahrhunderts abstützen müsse. Überdies seien die Aussagen der letzteren diskordant.

Ebenfalls fällt dem Autor die teilweise riesige zeitliche Verzögerung zwischen der angeblichen Entstehung der Quellen und deren Bekanntwerden und Rezeption auf.

Vaucher entgehen auch Einzelheiten in den Texten nicht. So stellt er fest, daß die Chronik von Melchior Russ im Gegensatz zum Weißen Buch und zum Tellenlied den Vogt Gessler am Fuße der Tellenplatte sterben läßt[2].

In einer wortreichen Schlußfolgerung konstatiert Vaucher, daß die *délicates recherches* fast immer zu einem Punkt führten, wo das Licht fehlt und wo die eigenen Konjekturen aufhören müssen[3].

Derart auf die unlösbaren Probleme der Glaubwürdigkeit und der Gewichtung der Quellen eingestimmt, behandelt Vaucher in vier weiteren Kapiteln die Herkunftssage der Leute von Schwyz und Hasli, die Chronik von Strättligen, das Weiße Buch von Sarnen und das Tellenlied. – Auch auf die Chroniken von Russ und Etterlin wird hingewiesen.

Beim Weißen Buch von Sarnen fällt Vaucher die enge, auch textliche Verwandtschaft des chronikalischen Teils jenes Werkes mit Justinger auf, wofür er auch Beispiele bringt[4].

Trotz allem Bemühen um Differenzierung und Aufarbeitung muß Vaucher am Schlusse eingestehen, daß für ihn die Quellenfrage un-

---

[1] Vaucher : *Traditions nationales* ; 7

[2] Vaucher : *Traditions nationales*; 11

[3] Vaucher : *Traditions nationales* ; 13

[4] Vaucher : *Traditions nationales* ; 29

lösbar ist und er es bereut, so viele Stunden auf der Jagd nach einem Phantom verloren zu haben[1].

Gerade diese Äußerung hat später Karl Meyer sehr mißfallen, so daß er den Genfer Forscher als Traditionsgegner titulierte[2].

Die *Mélanges d'histoire nationale* (Lausanne 1889) stellen eine Aufsatzsammlung über vielerlei Themen der älteren Schweizer Geschichte dar. Sie reichen von der Schwyzer Fahne, dem Bundesbrief von Brunnen, über die Legende von Winkelried und über Nikolaus von Flüh bis hin zum Einfluß der Bartholomäusnacht auf die Schweizer und zu einer Betrachtung über Calvin und die Genfer.

Wertvoll sind beim Vauchers *Mélanges* besonders die Betrachtung über die Schweizer Geschichtsforschung (*Les études historiques en Suisse*) zwischen 1835 und 1877, eine Miszelle über die *Fontes rerum bernensium* (*Sources de l'histoire de Berne*) und ein Résumé über eine Vorlesung *Questions de critique historique*.

Ein paar Dinge aus den Aufsätzen müssen genügen.

In der Betrachtung *Sur la légende de Winkelried* setzt sich Vaucher mit verschiedenen Publikationen auseinander, die im Jubiläumsjahr der Schlacht von Sempach 1886 erschienen sind. Dabei fällt auf, daß der Historiker die Winkelried-Schrift seines Zeitgenossen Daguet nicht nennt.

Bei der Quellenfrage zu Winkelried begnügt sich Vaucher, auf seinen Freund Georg von Wyss hinzuweisen, der gesagt hat, daß man sich bei diesem Problem auf die ältesten bekannten Quellen abstützen müsse[3].

In *Les études historiques en Suisse* gibt Vaucher einen guten Überblick über verschiedene Geschichtswerke und Quelleneditionen des genannten Zeitraumes. Hier äußert er unter anderem Kritik an der Übersetzung und Fortsetzung der Schweizergeschichte von Johannes von Müller von Christian Monnard und Louis Vuillemin[4]. Er sieht die *finesse ingénieuse de M. L. Vuillemin ou la gravité un peu factice*

---

[1] Vaucher : *Traditions nationales* ; 38
[2] Meyer, Karl: *Urschweizer Befreiungstradition*, 249. Anm. 15
[3] Vaucher : *Mélanges*, 53 f.
[4] Jean de Müller, R. Glutz-Blotzheim et Jean-Jacques Hottinger (1837 – 1851) : *Histoire de la Confédération suisse*. Traduite en français et continuée jusqu'à nos jours par L. Vuillemin et Ch. Monnard ; Paris et Genève, 18 vol.

108

*de M. Ch. Monnard* und konstatiert darin *les traces d'une rhétorique à laquelle nous devenons de plus en plus étrangers*[1].

Vaucher stellt auch einen kritischen Vergleich an zwischen *der Geschichte der eidgenössischen Bünde* (1845 – 1862) von Joseph Eutych Kopp und den *Origines de la Confédération suisse* (1868) von Albert Rilliet: Das erstere sei *une mosaïque assez confuse* oder *un vaste inventaire notarié*, welches in einem absoluten Kontrast stehe zu Rilliets Buch *non moins solide, mais admirablement composé*[2].

Doch schon in den einleitenden *Etudes historiques en Suisse* findet sich eine verklausulierte Kritik an Kopp:

Vaucher sagt, daß Kopp nichts Neues gebracht habe, denn *cette méthode, dis-je, n'est pas autre que celle qu'on pratique dans tous les pays cultivés de l'Europe, ...*[3].

Nach Vaucher und Rilliet ist aus der Feder von Hugo Hungerbühler ein weiteres kleines Werk entstanden, das sich von welscher Seite mit der eidgenössischen Gründungsgeschichte befaßt[4].

Der nachmals nicht weiter bekannte Mann bezeichnet sich in seiner Schrift als Rechtsstudent. Und im Vorwort erklärt er, daß die Vorlesungen von Vaucher und das Buch von Rilliet ihm die Anregungen gegeben hätten.

Als Motiv für seine Arbeit gibt Hungerbühler an, er wolle gegenüber den anspruchsvollen Werken von Vaucher und Rilliet *un résumé simple et clair des résultats les plus récents*[5] liefern. Ihm gehe es darum, die wirkliche Geschichte der Waldstätte bis zum 14. Jahrhundert nachzuzeichnen.

Also beschreibt Hungerbühler in einem ersten Teil die für die Gründungsgeschichte relevanten Chroniken von Vitoduranus bis Tschudi. In einem zweiten Teil sucht der Verfasser den Wert der Traditionen zu ergründen und Hypothesen über die Bildung der Schweizer Legenden aufzustellen.

---

[1] Vaucher : *Mélanges*, 15
[2] Vaucher : *Mélanges*, 16
[3] Vaucher, *Mélanges*, 3
[4] Hungerbühler, Hugo (1869) : *Etude critique sur les traditions relatives aux origines de la confédération suisse* ; Genève et Bâle
[5] Hungerbühler : *Etude critique*, 7

Als Fazit läßt sich aus Hungerbühler festhalten: Die nationalen Traditionen verdienten kein Vertrauen, sie seien pure Legenden. Die Taten, der Unabhängigkeitswille der Waldstätte sei entscheidend gewesen. Also schließt der Verfasser seine Darlegungen mit einer biblischen Paraphrase:

*Rendons à la poésie ce qui appartient à la poésie, et ne laisser à l'histoire que ce qui appartient à l'histoire[1].*

Hungerbühlers Studien sind mitnichten Vereinfachungen, sondern detaillierte Ausführungen der Argumente von Rilliet. Doch nirgends führt der Inhalt zu weiterführenden Erkenntnissen. Besonders fällt auf, wie kritiklos der Autor den Bund von 1291 als geschichtliche Tatsache übernimmt.

Vielleicht gerade deswegen wird im nächsten Jahrhundert Karl Meyer gerne auf das kleine Werk von Hugo Hungerbühler zurückgreifen.

Unbedingt ist bei dieser Betrachtung noch auf den Waadtländer Historiker Louis Vulliemin (1797 – 1879)[2] hinzuweisen. Dieser ist neben Charles Monnard (1790 – 1865) bekannt geworden als Fortsetzer der Schweizergeschichte von Johannes von Müller. Zudem ist Vulliemin mit Frédéric de Gingins-La Sarraz der Begründer der *Société d'histoire de la Suisse romande[3]*.

In seinen letzten Lebensjahren verfaßte Vulliemin eine *Histoire de la Confédération suisse*. Das zweibändige Werk trägt – ob Zufall oder Absicht – den gleichen Titel wie das historische Hauptwerk von Daguet und ist in der ersten Auflage 1875/76, in der zweiten durchgesehenen und korrigierten Auflage 1879 erschienen.

Vulliemin bietet ein historisches Gemälde der Schweiz, das von den Helvetiern bis zur Gründung des Bundesstaates 1848 reicht.

In dem kurzen Vorwort legt Vulliemin dar, wie sich die Lage der Schweizer Geschichtsschreibung geändert habe. Die Zeiten eines Johannes von Müller seien vorbei, die Kritik habe Einzug gehalten. – Trotzdem müßten die heutigen Historiker auch der Legende und der

---

[1] Hungerbühler : *Etude critique*, 107

[2] Über Vulliemin vgl.: Feller/Bonjour (1979), II, 588 – 593 (mit Literaturangaben). Ferner: Maurer, Peter (1973): *Die Beurteilung Johannes von Müllers*, op.cit., besonders: 134 f.

[3] Vgl. Coutaz, Gilbert/Morerod, Jean-Daniel : *Les débuts de la Société d'histoire de la Suisse romande (1837 – 1855)*, in : *Equinoxe*, 10(1993), 23 - 43

Tradition ihren Platz einräumen. Denn diese Elemente enthielten einen größeren moralischen Wert und hätten ein größeres Gewicht erlangt als die bloßen Fakten[1].

Die Gründungsgeschichte der Eidgenossenschaft wird bei Vulliemin sehr kurz und summarisch erzählt: Die verschiedenen Freibriefe für die Länder der Waldstätte werden erwähnt. Dann aber bespricht der Autor gleich den Bundesbrief von 1291. Für Vulliemin ist es nicht der erste Zusammenschluß, wohl aber der erste, welcher schriftlich festgehalten wurde.

Das eidgenössische Gründungsdatum des Tschudi-Kreises übergeht Vulliemin. Statt dessen geht er gleich über zum 1. Mai 1308, der Ermordung von König Albrecht. Während die Eidgenossen also bis zum Tode von Heinrich VII. 1313 relativ unbeschadet lebten, hätten sich nachher dunkle Wolken zusammengezogen, die im November 1315 zum Kampf am Morgarten, von ihm *le combat des Thermopyles suisses*[2] genannt, und zur erneuten schriftlichen Bestätigung des Bundes in Brunnen geführt hätten.

Obwohl Vulliemin hier behauptet, die Geschichte *dans leur simple grandeur, et sur la foi de documents contemporains*[3] zu schildern, möchte er sich offenbar nicht auf eine unergiebige und weitschweifige Diskussion einlassen, denn als Historiker legte er *als erster die letzte Etappe auf dem Weg der Emanzipation von der Gründungssage zurück*[4]. Vulliemin widerspricht damit dem in seinem Vorwort ausgedrückten Wunsch, auch der Tradition und Legende einen Platz einzuräumen.

Vulliemins Behandlung der eidgenössischen Gründungssage zeigt exemplarisch den Unterschied zu Daguets schweizergeschichtlichem Hauptwerk: Der Erstere ist letztlich immer noch der großartigen Geschichtsschilderung von Johannes von Müller verhaftet. *Es*

---

[1] Vulliemin, Louis (1879) : *Histoire de la Confédération suisse*, t.1.2. ; Lausanne 5 f. : *Mais à nous aussi de faire à la légende et à la tradition leur place. Telle légende, accueillie par la nation et devenue partie de son existence, possède plus de valeur morale, et a acquis plus d'importance historique que bien des faits matériellement constatés.*
[2] Vulliemin, Louis : *Histoire*, t. 1, 118
[3] Vulliemin : *Histoire*, t. 1, 119
[4] Kreis Georg: *Mythos 1291*, 66

spielt der alte Zauber, der immer noch mit Vereinfachungen auf Kosten der Genauigkeit wirkt[1].

Im Unterschied zu Daguet enthält Vulliemins Werk keine Anmerkungen. Doch ist eine wenigstens mittelbare Beeinflussung des Letzteren vom ersten anzunehmen. Daguet hat in jungen Jahren viel mit Vulliemin korrespondiert[2]. – Und das schweizergeschichtliche Alterswerk des Waadtländer Historikers beginnt wie bei Daguet mit den Pfahlbauern, hört aber schon 1848 auf.

Zusammenfassend kann über die Welschschweizer Historiker in ihrer Betrachtung der eidgenössischen Gründungsgeschichte und ihre Verwandtschaft mit Daguet gesagt werden:

Jene Geschichtsschreiber haben die Diskussion und Argumentation – besonders zu nennen sind Hisely, Rilliet und Vaucher – teilweise schon sehr weit getrieben. Daguet hat dies übernommen. Aber die Deutschschweiz wird sich erst im 20. Jahrhundert in ähnlich detaillierter Weise mit der eidgenössischen Gründungsgeschichte oder Gründungslegende befassen. Ebenso wurde die Tell-Betrachtung – etwa bei Hisely – schon fast in skurille und absurde Sphären getrieben.

Hätte die Deutschschweiz die Welschschweizer Historiker schon Ende des 19. Jahrhunderts mehr gewürdigt, wäre offenkundig geworden, daß die eidgenössische Bundesgründung mehr eine Diskussion um Legenden, denn um eine reale Geschichte ist.

Auffällig ist ferner, daß alle hier gewürdigten Welschschweizer Historiker keinen Bezug nehmen zu Daguet, obwohl sie ihn kannten. - Ablehnung oder *jalousie du métier*?

Eine Kluft machte sich also nicht nur entlang der Sprachgrenze bemerkbar, sondern auch innerhalb der Gemeinschaft der Geschichtsforscher.

---

[1] Feller/Bonjour (1979), II, 593

[2] In der Empfängerkorrespondenz von Daguet sind 39 Briefe von Vulliemin aus den Jahren 1837 – 1847 erhalten (Fonds Alexandre Daguet, in: Fonds Pierre Favarger (Archives de l'Etat de Neuchâtel).

## 4. Alexandre Daguet und Karl Meyer: Die Rechtfertigung des Gründungsdatums 1291

Bei der Analyse von Daguets Schrift über die Winkelried-Frage[1] ist ein merkwürdiger Sachverhalt aufgefallen: Daguet verteidigt mit allen Mitteln die Geschichtlichkeit des Sempacher Schlachtenhelden. *Seine Schrift ist der zweifelhafte Versuch, unter Aufbietung aller rhetorischen und logischen Mittel und mit einer teilweise waghalsigen Interpretation der Chroniken, die Existenz des Helden von Sempach zu beweisen*[2].

Es beginnt mit einer Unterscheidung zwischen berechtigter Kritik und Hyperkritik:

*Mais si la critique historique est légitime, nécessaire, elle peut aussi dégénérer en critique exagérée ou hypercritique dissolvante ...*[3].

Mehr noch: *Or, l'esprit de doute et de négation est contagieux*[4].

Darauf folgt eine Polemik gegen den Urkundenforscher Joseph Eutych Kopp: Dieser habe Tell als Legende entlarvt und damit einen Stein von dem Denkmal entfernt, das Tschudi und Johannes von Müller zum Ruhme der Vorfahren errichtet hätten[5].

Daguet kämpft mit dem Einwand, daß viele Chroniken die Winkelried-Tat nicht erwähnten. Um so mehr hebt er das Lied über den Heroen von Halbsuter hervor. Dabei hilft ihm eine Äußerung des Historikers Karl Dändliker: Die alten Sänger hätten weder die Taten noch die Namen frei erfunden[6].

Die Winkelried-Tat müsse als historisches Faktum anerkannt werden, *sans preuve décisive ni positive*[7].

---

[1] Daguet, Alexandre (1883): *La question de Winkelried ou résumé des recherches faites depuis vingt ans sur l'existence d'Arnold de Winkelried et son action héroïque à Sempach (1386)*; Neuchâtel
[2] Pfister: *Historiographie Freiburg*, a.a.O., 53
[3] Daguet: *Winkelried*, 1
[4] Daguet: *Winkelried*, 1
[5] Daguet: *Winkelried*, 2
[6] Daguet: *Winkelried*, 5
[7] Daguet: *Winkelried*, 8
Systematisch antwortet Daguet auch in seiner *Histoire de la confédération suisse* von 1879/80 auf die zeitgenössischen Einwände gegen die Geschichtlichkeit Winkelrieds (I, 282, Anm. 3)

Auch ein nationales Argument wird vorgebracht: Theodor von Liebenau verfertigte einen Stammbaum der Familie Winkelried bis ins 16. Jahrhundert. Und ein Schweizer Historiker habe eben mehr Recht als die deutschen Zweifler[1].

Mit dem Argument der Bevorzugung von nationalen Forschern widerspricht sich Daguet selbst. Denn er erwähnt auch den Berner Professor Ferdinand Vetter, der quellenkritische Einwände gegen Winkelried vorgebracht hatte, und den Berner Urkundenforscher Moritz von Stürler, der den alten Heroen der Schweizer Geschichte keine Zukunft mehr zubilligte.

Je mehr man Daguets Argumentation studiert, desto mehr erinnert man sich an den bedeutenden Schweizer Historiker Karl Meyer (1885 – 1950)[2].

Meyer hat bekanntlich in der ersten Hälfte des 20. Jahrhunderts, besonders in seinem Hauptwerk von 1927 über die Urschweizer Befreiungstradition die Gründungsgeschichte der schweizerischen Eidgenossenschaft zu einem scheinbar unwiderlegbaren Monument ausgebaut.

Vornehmlich suchte Karl Meyer einen Zusammenklang zwischen Urkunden und Chroniken zu beweisen:

*Der gesamte Kern der chronikalischen Bundeserzählung fügt sich zwanglos in die urkundliche Bundesgeschichte von 1291 ein*[3].

Und so wie Daguet die Historizität von Winkelried mit allen Mitteln zu belegen suchte, so unternahm es Karl Meyer, den Wilhelm Tell der Gründungslegende historisch zu beweisen.

---

[1] Daguet: *Winkelried*, 8
[2] Über Karl Meyer und die Kritik an seinen Methoden und Anschauungen vgl.: Feller/Bonjour, op.cit., II, 767 – 769. – Marchal, Guy (2006): *Schweizer Gebrauchsgeschichte*. Geschichtsbilder, Mythenbildung und nationale Identität; Basel, 152 ff.
Pfister, Christoph (2019): *Die alten Eidgenossen. Die Entstehung der Schwyzer Eidgenossenschaft im Lichte der Geschichtskritik und die Rolle Berns*; Norderstedt, 312 ff.
Vgl. auch die zeitgenössische Kritik in: Nabholz, Hans (1929): *Les origines de la Confédération suisse d'après des travaux récents*; Separatdruck aus: *Etrennes Genevoises*.
[3] Meyer, Karl (1930/1939): *Gründung der Eidgenossenschaft*, 128 f.

Alexandre Daguet und Karl Meyer ähneln sich in der Behandlung gewisser Themen, in ihren Anschauungen und besonders in der Argumentation. Es lohnt sich, diese Verwandtschaften genauer zu betrachten.

Daguets Schweizergeschichte hat einen klaren Kulminationspunkt in den Ausführungen über die Gründung der Eidgenossenschaft. Für keine historische Einzelheit in dem Werk wird mehr Argumentationskraft und logischer Scharfsinn aufgewendet.

Karl Meyer ist der Historiker der eidgenössischen Gründungsgeschichte. Sein ganzes Leben und Wirken ist den Ursprüngen des Schwyzer Bundes gewidmet.

Alexandre Daguet ist der erste bedeutende Schweizer Historiker, welcher 1291 für das richtige Gründungsjahr der Eidgenossenschaft hielt.

Karl Meyer ging in seiner Argumentation für 1291 weiter. Nach ihm sind alle anderen genannten Jahrzahlen und Varianten der Geschichte letztlich nur Kombinationen eines den ersten Geschichtsschreibern unbekannt gewesenen Datums.

Durch die mittelalterlichen Teile von Daguets Werk zieht sich - besonders in den Anmerkungen – eine dauernde kritische bis polemische Auseinandersetzung mit Joseph Eutych Kopp, dem Begründer der kritischen Erforschung der Schwyzer Gründungsgeschichte. Karl Meyer schuf mit seinem Werk von 1927 einen *Anti-Kopp*[1].

Die Verwandtschaft zwischen Daguet und Karl Meyer geht bis in Einzelheiten der Argumentation.

Daguet verteidigt – wie schon zitiert – den Wert der Legende in der Geschichtsschreibung:

*La légende, nous le répétons, n'est pas de l'histoire, mais elle la complète souvent et rend souvent mieux la physionomie et la couleur d'une époque* (I, 53).

Für Daguet gehört berechtigte Kritik zur Deontologie des Historikers. Aber daneben gebe es eine unberechtigte und destruktive Kritik, die zu verurteilen sei:

---

[1] *Handbuch der Schweizer Geschichte*; I, Zürich 1972, 198

115

*Il nous est impossible d'admettre les procédés de critique exagérée et purement dissolvante[1]. –* Und geradezu verwerflich sei die Hyperkritik (*hypercritique*)[2].

Karl Meyer verurteilt *die Hyperkritik des 19. Jahrhunderts*[3] und gibt auch einen Grund dazu an: Man unterschätze das spätmittelalterliche und humanistische Denkvermögen[4].

Auf ähnliche Weise verteidigt Daguet die alten Chronisten gegen moderne Kritik:

*Le moyen âge manquait tout à fait de cet esprit de clarté et de précision qui distingue notre âge et que nous voudrions retrouver dans les âges précédents[5].*

In letzter Konsequenz bedeuten solche Aussagen, daß die alten Chronisten von den Gesetzen der Logik und Kohärenz auszunehmen seien.

Daguet meint: Man müsse die Phantasie und Imaginationskraft der alten Chronisten berücksichtigen. Dazu gehörten auch die Herkunftssagen der Waldstätte (Goten, Schweden, Römer)[6].

Karl Meyer betreibt geradezu eine Ehrenrettung der alten Chronisten: Diese seien nicht Geschichtsfälscher gewesen, sondern Geschichtsschreiber, welche die Gründung des ersten eidgenössischen Bundes interessierte. Leider sei das Problem damals noch unlösbar gewesen, weil man die entscheidenden Urkunden nicht kannte[7].

Meyer glaubt an eine Art historisches Kerygma, welches allen Variationen und Widersprüchen in der eidgenössischen Gründungslegende zu Grunde liege und kritisiert deshalb die modernen Historiker:

---

[1] Daguet: *Histoire de la confédération suisse*, I, 335, Anm. 1
[2] Daguet: *Histoire de la confédération suisse*, I, 373 f., Anm. 1. - Ähnlich polemisiert der Autor gegen Kritiker bei Einzelheiten der Schlacht bei Laupen: *Mais n'est-ce pas là de la critique exagérée, de cette hypercritique qui, à la moindre difficulté, crie à l'interpolation et à l'imposture* (227, Anm. 1).
[3] Meyer, Karl: *Urschweizer Befreiungstradition*, 51
[4] Meyer, Karl: *Urschweizer Befreiungstradition*, 117
[5] Daguet: *Histoire de la confédération suisse*, I, 182
[6] Daguet: *Histoire de la confédération suisse*, I, 179
[7] Meyer, Karl: *Urschweizer Befreiungstradition*, 129

116

*Sie entdecken in verdienstvoller Forschung zahlreiche Unrichtigkeiten der Chronisten, übersahen aber die hinter jenen Einzelirrtümern vorhandenen Grundwahrheiten[1].*

Für Karl Meyer sind die Einzelirrtümer großenteils scharfsinnige Kombinationen[2], womit man bei einem seiner Lieblingsausdrücke angekommen ist.

Daraus ergibt sich für den Historiker Meyer der Haupteinwand gegen Kopp: Dieser habe *die Identität des chronikalischen Bündnisses mit dem urkundlichen Bündnis von 1291 nicht erkannt[3].*

Anders ausgedrückt:

*Jener angebliche Dreiländerbund nach Neujahr 1308 ist in Wirklichkeit kein anderer als der Bund vom August 1291[4].*

Aber diese *coincidentia oppositorum*, das Zusammenfallen von einzelnen Widersprüchen in einer großen Wahrheit, findet sich auch bei Daguet. Dieser hält die Gründungsgeschichte für authentisch und moniert gegen die Einwände der Kritiker:

*La confusion des dates, quelque grande qu'elle puisse être, n'autorise point une négation aussi tranchante de l'histoire traditionnelle. Les erreurs de dates ont dû aussi souvent n'être que des erreurs de copistes[5].*

Mit ähnlichen Argumenten versucht auch Karl Meyer, die Geschichtlichkeit Wilhelm Tells zu verteidigen:

*Falls der Apfelschuß eine Fehlverknüpfung mit einer anderen Erzählung ist, so rechtfertigt dies noch nicht die Ablehnung der ganzen Tellengeschichte, geschweige denn der ganzen Bundeserzählung[6].*

Die Geschichte von Tell sei folglich historisch und in die späte Regierungszeit von König Rudolf zu setzen[1].

[1] Meyer, Karl: *Gründung der Eidgenossenschaft*, 114
[2] Meyer, Karl: *Urschweizer Befreiungstradition*, 115
[3] Meyer Karl: *Zur Interpretation des Urschweizer Bundesbriefes von 1291*; in: *Karl Meyer: Aufsätze und Reden*, Zürich 1952, 175 (Aufsatz von 1930),
[4] Meyer, Karl: *Die Gründung der Eidgenossenschaft im Lichte der Urkunden und Chroniken*; in: *Karl Meyer: Aufsätze und Reden*, Zürich 1952, 95 (Aufsatz von 1930, bzw. 1939)
[5] Daguet: *Histoire de la confédération suisse*, I, 180
[6] Meyer, Karl: *Urschweizer Befreiungstradition*, 126, Anm. 3

Bei der Frage nach der Historizität von Wilhelm Tell ist Daguet eher referierend: Als Autor einer Biographie über den Chronisten Guillimann[2] muß er sich der Zurückhaltung befleißigen. Letzterer hatte bekanntlich als einer der ersten Tell als Legende bezeichnet.

Und auch Tschudi, den Daguet anerkennt, ging bei dem Urschweizer Volkshelden auf Distanz[3].

Daguet verteidigt nicht Tell, sondern Winkelried. Bei Karl Meyer ist es umgekehrt: Dieser ist ein Apologet der Geschichtlichkeit des Armbrustschützen. Interessant ist dabei, daß Karl Meyer dabei die gleichen Leute angreift wie Daguet, nämlich Ernst Ludwig Rochholz und Ferdinand Vetter[4].

Die Vergleiche sind unvollständig, aber die Ähnlichkeiten in der Argumentation von Daguet und Karl Meyer auffällig. Sie lassen die Frage aufwerfen: Hat der Historiker der ersten Hälfte des 20. Jahrhunderts die *Histoire de la confédération suisse* gekannt und ist von ihr beeinflußt worden?

Eine gründliche Durchsicht der *Urschweizer Befreiungstradition* von Karl Meyer und seiner anderen Arbeiten zu dem Thema hat ergeben, daß Daguets Name nirgends zitiert wird.

Die Unkenntnis von Daguet bei Karl Meyer mutet merkwürdig an. Denn letzterer setzt sich ausführlich auch mit Welschschweizer Historikern auseinander.

In seinem Hauptwerk *Die Urschweizer Befreiungstradition* zitiert Karl Meyer die Westschweizer Historiker Jean Jacques Hisely, Hugo Hungerbühler, Albert Rilliet und Pierre Vaucher[5].

Explizit geht Karl Meyer in einem kleinen Kapitel auf *Die Einrede der welschen Rationalisten*[6] ein. Namentlich Hungerbühler und Rilliet behaupteten eine gelehrte Erfindung oder Schöpfung der Sagenstoffe, wohingegen die alemannischen Fachgenossen ein allmähliches

---

[1] Meyer, Karl: *Urschweizer Befreiungstradition*, 207
[2] Pfister: *Historiographie Freiburg*, 40 ff.
[3] Stettler, Bernhard: *Tschudi Vademecum*, 61: *Tschudi ist kein Sänger des Volkshelden Tell.*
[4] Meyer, Karl: *Urschweizer Befreiungstradition*, 129, Anm. 96
[5] Meyer, Karl: *Urschweizer Befreiungstradition*, XII ff.
[6] Meyer, Karl: *Urschweizer Befreiungstradition*, 91 f.

Wachstum der Befreiungssage aus einem echten Kern heraus vertraten.

Man muß nach all den Ähnlichkeiten zwischen den beiden Historikern annehmen, daß Karl Meyer Daguets schweizergeschichtliches Werk gekannt hat, aber nicht zitiert.

Darauf läßt sich entgegnen, daß auch die bekannten Deutschschweizer Historiker des letzten Viertels des 19. Jahrhunderts, die sich mit der eidgenössischen Gründungssage beschäftigten, nämlich Dändliker, Dierauer und Oechsli, Daguet nicht nennen[1].

Doch mindestens zwei der drei genannten Historiker des ausgehenden 19. Jahrhunderts haben Daguet gekannt. In der Empfängerkorrespondenz von Daguet finden sich Antwortbriefe von Dändliker und Dierauer an Daguet[2].

Das läßt nach den Gründen fragen, weshalb Karl Meyer Daguet nicht nennt. - Vielleicht hätte der Historiker des 20. Jahrhunderts damit die Urheberrechte an seinen Thesen und Hypothesen verloren.

Würde es zutreffen, daß Karl Meyer sich auf Daguet stützt, ohne ihn namentlich zu erwähnen, so ergäbe sich eine ungewöhnliche Schlußfolgerung:

Die *monumentale Aufbauschung der mittelalterlichen Frühgeschichte unseres Landes[3]*, also die nunmehr mit dem fixen Datum 1291 versehene eidgenössische Gründungslegende, welche 1891 einsetzte und 1941 ihren Höhepunkt erreichte, hat Karl Meyer als Autor, aber Alexandre Daguet als Spiritus rector.

---

[1] Karl Dändliker (*Geschichte der Schweiz*, I, 3. Aufl., Zürich 1893. zitiert die Welschschweizer Rilliet und Vaucher, Johannes Dierauer (*Geschichte der Schweizerischen Eidgenossenschaft*, I, 3. Aufl., Gotha 1919) nennt neben Rilliet und Vaucher auch Hungerbühler.
Zu Dändliker, Dierauer und Oechsli vgl.: Buchbinder, Sascha (2002): *Der Wille zur Geschichte,* op.cit. – Auch dieser Autor nennt Daguet nirgends.

[2] Archives de l'Etat de Neuchâtel, Fonds Favarger : Fonds Alexandre Daguet: 3 Briefe von Dändliker zwischen 1880 – 1888; 3 Briefe von Dierauer zwischen 1887 – 1889.

[3] Marchal, Guy P. (1999): *Das Bundesbriefarchiv als Zeitmaschine*; in: *Die Entstehung der Schweiz*, op.cit., 158
Zur Verbindung des Datums 1291 mit dem Mythos der Gründungsgeschichte vgl. auch: Kreis, Georg (1991): *Der Mythos von 1291*: zur Entstehung des schweizerischen Nationalfeiertags; Basel

Auch war es Karl Meyer, der einen alteidgenössischen Helden, diesmal Wilhelm Tell, als historische Gestalt zu beweisen versuchte.

Daguet sieht in Arnold Winkelried eine historische Gestalt.

Auf jeden Fall ist die moderne Begründung des eidgenössischen Gründungsdatums 1291 untrennbar mit den beiden Namen Alexandre Daguet und Karl Meyer verbunden.

Die Ignorierung von Daguet bei großen Deutschschweizer Historikern wie Dierauer, Dändliker, Oechsli und Karl Meyer hatte Folgen. Auch neuere Arbeiten über die Schweizer Historiographie kennen ihn nicht[1] oder blenden sogar die gesamte Welschschweizer Geschichtsschreibung des 19. Jahrhunderts aus[2].

## Fazit der Diskussion um die Gründungsdaten der Eidgenossenschaft

Die Gründungsgeschichte der Eidgenossenschaft hat eine einheitliche Gestalt. Das ergibt sich aus der kurzen Zeit, in welcher die älteste chronikalische Überlieferung entstand, und die Stumpf und Tschudi als Pole hat.

Uneinheitlich hingegen sind die Jahrzahlen, mit denen die Gründungsgeschichte verbunden wird.

Die Gründungs- und Befreiungsgeschichte bezog sich zuerst auf Bern. – Auch Zürich leistete sich eine, allerdings weniger ausgeprägte Befreiungsgeschichte.

Bald danach wurde aus Motiven, die man nur vermuten kann, die Gründungs- und Befreiungsgeschichte von Bern in die Waldstätte versetzt. Die Parallelen sind offensichtlich.

Bei dem Transfer der Gründungsgeschichte von Bern in die Waldstätte kamen auch neue Daten ins Spiel. Bestimmend war dabei die Absicht, der Stadt ältere, den Urkantonen jüngere Daten zuzuweisen. – Das steht in diametralem Gegensatz zu den offiziell genannten Beitritten der einzelnen Orte. Dort durften die Städte bekanntlich erst *nach* den Urkantonen beitreten.

---

[1] Als Beispiel dafür steht das Werk von Sascha Buchbinder: *Der Wille zur Geschichte*, op.cit.
[2] Als Beispiel dafür steht das auch sonst sehr diskutable Werk von Metzger, Franziska (2010): *Religion, Geschichte, Nation. Katholische Geschichtsschreibung in der Schweiz im 19. und 20. Jahrhundert – kommunikationstheoretische Perspektiven*; Stuttgart

Es gab zuerst die sogenannte Burgundische Eidgenossenschaft um 1243, zwischen Bern, Freiburg und Peterlingen, die mit wechselnden Partnern und zu späteren Daten ein paar Mal erneuert wurde.

Ebenfalls schlossen Bern und Solothurn drei ewige Bündnisse zwischen 1291, 1308 und 1345.

Berns enge Bündnisse mit den Nachbarstädten Freiburg und Solothurn stellen allein schon das Stanser Verkommnis, also die unnatürlich späte Aufnahme der zwei letztgenannten Städte in den Bund der Eidgenossen in Frage.

Sowohl Stumpf wie Schweizer und Haffner erwähnen mit der Jahrzahl 1260 einen ersten Befreiungskampf der Waldstätte mit der Vertreibung der Vögte und dem Burgenbruch.

Stumpf dupliziert diese Befreiungsgeschichte und setzt sie ins Jahr 1314.

Schweizer und Haffner führen das Jahr 1308 als Datum des Befreiungskampfes der Waldstätte ein – wobei die Vorbereitungen 1307 mit der Tellengeschichte und der Verschwörung der drei Männer am Rütli begannen.

Beim Wechsel vom ersten (1314) zum zweiten (1308) und hernach zum dritten Konzept (1291) blieben jedoch chronologische Probleme haften. Grund dafür war die einfache Tatsache, daß sich die ursprüngliche Gründungsgeschichte und einige ihrer Jahrzahlen auf Berns Befreiungsgeschichte bezogen.

Erstmals führte Haffner beim Berner Gefecht am Donnerbühl neben 1291 noch ein zweites siegreiches Treffen gegen Feinde im Westen 1298 ein. Es ist dies ein Beispiel für die Duplizierung von gleichartigen Ereignissen.

Die Rückverlegung des eidgenössischen Gründungsdatums bei Tschudi von 1314 auf 1307/08 war sicher ein willentlicher Akt gewesen. Dieser hat unter anderem die Kohärenz der Erzählung beeinträchtigt:

Im ersten Konzept folgt dem Schwur der Eidgenossen 1314 im Jahr darauf die Befreiungsschlacht 1315.

Im zweiten Konzept – dem von Schweizer, Haffner und Tschudi - wird zwischen den beiden Ereignissen ein unnatürlich wirkender Zeitraum von sieben Jahren eingeschoben.

Das Monument Tschudi verdrängte bald das nur wenige Jahre zuvor entstandene Monument Stumpf. Die Jahrzahl 1307 (eigentlich 1308) blieb aber bis fast zum Ende des 19. Jahrhunderts gültig.

Das Gründungsdatum 1291 hatte die Auffindung der betreffenden Urkunde als Ausgangspunkt. Dies war *nach* der Veröffentlichung des Chronikwerkes von Aegidius Tschudi. Letzterer hat das genannte Diplom nicht übersehen, wie die moderne Forschung behauptet.

Doch hat der Tschudi-Kreis sehr wahrscheinlich bereits die Bundesurkunde von 1291 vorbereitet. Das erforderte eine Verschiebung von Daten. Also wurde im *Chronicon* die Berner Befreiungsschlacht am Donnerbühl von 1291 auf 1298 verschoben.

Der nunmehr frei gewordene Platz der Jahrzahl 1291 konnte kurze Zeit später mit einem neu geschaffenen Inhalt gefüllt werden.

Gleichzeitig hat Tschudi das erste Datum des Befreiungskampfs der Waldstätte zwar nicht ignoriert, aber völlig an den Rand gedrängt.

Tschudis Gründungsdatum 1307/08 war wahrscheinlich als zwischenzeitliche Jahrzahl gedacht und sollte bald ersetzt werden.

Überhaupt macht es den Eindruck, als ob die verschiedenen Gründungsdaten und deren Verschiebung nicht willkürlich, sondern das Ergebnis einer abgestimmten Diskussion zwischen den Chronisten war. – Es ist bewiesen, daß sich Stumpf und Tschudi ausgetauscht haben.

Die endgültige historiographische Verschiebung des Gründungsjahrs der Eidgenossenschaft von 1307/08 auf 1291 hatte ihre Ursache in einer veränderten Einschätzung der historischen Quellen:

Beginnend mit Joseph Eutych Kopp in den 1830er Jahren traten die Urkunden aus ihrem Schattendasein hervor und wurden als gleichwertig oder sogar wichtiger als die Chronikwerke betrachtet.

Die Geschichtsforscher mußten sich von nun an ständig mit der Erkenntnis abmühen, daß sich Chroniken und Urkunden nicht decken.

Daraus entstand im 19. Jahrhundert jener bis heute unlösbare Konflikt zwischen Geschichte und Legende. Welche Ereignisse sind historisch, welche legendär?

Gleichzeitig wurde das erste Konzept der eidgenössischen Gründungsgeschichte, wie es Stumpf darstellt, hintangestellt und schließlich vergessen.

Alexandre Daguet postulierte als erster das Gründungsdatum 1291, diskutierte aber noch die früheren und anderen Daten wie 1307/08 und 1314.

Wilhelm Oechsli fixierte in seinem offiziellen Werk von 1891 die Jahrzahl 1291 als allein gültig.

Andere zeitgenössische Geschichtsschreiber neben Oechsli hielten noch zur Auffassung von parallelen Daten.

Die größere Wertschätzung der Urkunden führte dazu, daß die Urkunde von 1291 den Rang einer Magna Charta, eines nationalen Grundsatzdokuments bekam.

Mit dem Unternehmen des Quellenwerks zur Gründung der Schweizerischen Eidgenossenschaft ab den 1930er Jahren wurde der Versuch manifest, das Gründungsdatum 1291 und eine Waldstätter Gründungsgeschichte mit allen wissenschaftlichen Mitteln und unter Erschließung aller möglichen Quellen zu beweisen.

Der führende Kopf dieser Tendenz war Karl Meyer. Dessen Hauptwerk von 1927 liest sich wie eine einzige Apologie der inhaltlichen und chronologischen Echtheit der Bundesurkunde von Anfang August 1291.

Zudem brauchte die offizielle Geschichtsschreibung Daten für ihren Festkalender. Da hatte das Urkunden-Datum 1291 bessere Spieße als die doch eher schwer zu begründenden Daten 1307/08 und 1314/15.

Besonders der Archivar Bruno Meyer führte Karl Meyers historische Apologetik der eidgenössischen Gründungsgeschichte und von Wilhelm Tell bis zum Extrem weiter.

Seit den 1990er Jahren war in der schweizerischen Geschichtswissenschaft zuerst eine gewisse Distanzierung von dem fixen Gründungsdatum 1291 festzustellen. Doch die Geschichtsgläubigkeit läßt die offiziellen Forscher weiter „um 1300" und in der Region rund um den Vierwaldstättersee nach den Ursprüngen der Eidgenossenschaft suchen[1].

Noch immer ist die Chiffre 1291 im historischen und politischen Bewußtsein der Schweiz allgegenwärtig. Allerdings hat sich die Ge-

---

[1] Vgl. dazu besonders: Sablonier, Roger (2008): *Gründungszeit ohne Eidgenossen. Politk und Gesellschaft in der Innerschweiz um 1300*; Baden

# 123

schichtsforschung fast ganz aus dem vertrackten Thema der eidgenössischen Gründungsgeschichte zurückgezogen.

Mehr als eine weitere Diskussion über die Historizität, die Tradition und die Legende der eidgenössischen Gründungsgeschichte wäre eine vertiefte Betrachtung des ursprünglichen Selbstbewußtseins der alten Schwyzer angezeigt. Dabei geht es nicht nur um den Mythos Schweiz[1], noch die republikanische Selbstverständnis der alten Eidgenossenschaft[2], sondern die konstituierenden, auch legendären Elemente, welche den ältesten Chroniken das Selbstverständnis der alten Schwyzer bildeten.

Nur skizzenhaft seien einige Vorstellungen aufgeführt, welche aus den hier besprochenen Chroniken von Stumpf und Schweizer zu den konstituierenden geistigen Grundlagen der alten Schwyzer gehörten:

Der reformatorische Eifer, den sowohl Katholiken wie Protestanten zeigten, findet sich im 1. Januar als Beginn des Aufstandes der Waldstätte wieder. Das Datum aber spielt auf den Geburtstag des größten reformatorischen Kirchenvaters Basilius den Grossen an.

Auch sahen sich die alten Eidgenossen als Angehörige des Teilkönigreiches Israel mit der Hauptstadt Samaria = Sancta Maria. Mehrere andere Hinweise zeigen, daß die Schwyzer unter dem Zeichen der Gottesmutter gekämpft haben.

Von den frommen Legenden erweist sich besonders das Martyrium der Thebäischen Legion 291 AD in Agaunum (Saint-Maurice) als wichtige religiöse Begründung des alten Schwurbundes. Beweis dafür ist die schliessliche Wahl von 1291 – tausend Jahre nach dem erwähnten Ereignis – zur sinnstiftenden Jahrzahl der Gründung.

Als zweites Ereignis ist mit dieser Zahl die im Text erwähnte Versetzung der Geburtsstätte des Heilands nach Loreto verbunden.

Die Schlachten gehören ebenfalls zu den konstituierenden Elementen der alten Eidgenossenschaft, gleich wie die Heroen, allen voran natürlich Wilhelm Tell.

---

[1] Vgl. hierzu als neueres Werk : Im Hof, Ulrich (1991): *Mythos Schweiz. Identität – Nation – Geschichte;* Zürich

[2] Vgl. hierzu: Maissen, Thomas (2008): *Die Geburt der Republic. Staatsverständnis und Repräsentation in der frühneuzeitlichen Eidgenossenschaft;* Göttingen

Die anfänglichen Vorstellungen, nicht eine irrelevante Geschichte, führen zu den Ursprüngen der Schweizer Eidgenossenschaft.

Aus der fiktiven Geschichte der alten Eidgenossen lassen sich aber doch einige Hinweise auf die Entstehung des Schwyzer Bundes gewinnen.

# Anhang: Tabellen

## Das Berner Christus-Chronogramm 1191 - 1291

| | | | |
|---|---|---|---|
| **291 AD: Martyrium der Thebäischen Legion in Agaunum** (Saint Maurice) im Wallis (Helvetische Chronologie)<br>Mögliches Anker-Datum von 291: 431 (AC): Sonnenfinsternis des Thukydides:<br>291 + 431 = **722** (AC): Untergang des Nordreichs Israel mit Samaria. | | | |
| **1191** | Gründung der Stadt Bern | 2 x 450 Jahre (30 x 15 = Indiktions- oder Römerzahl) = 900 Jahre nach dem Martyrium der Thebäischen Legion | Quersumme: **12** |
| **1241** | **Niederlage der Berner gegen Gottfried von Habsburg** (Stumpf, Helvetische Chronologie) | 50 Jahre nach 1191 | Quersumme: **8** |
| **1291** | Endgültige Befreiung Berns durch den Sieg über die Habsburger in der **Schlacht am Dornbühl oder Donnerbühl** (Helvetische Chronologie und Johannes Stumpf) | 50 Jahre nach der Niederlage gegen die Habsburger, 100 Jahre nach der Gründung Berns, 1000 Jahre nach dem Martyrium der Thebäischen Legion | Quersumme: **13** |
| Die Quersummen der drei Jahrzahlen 1191, 1241 und 1291 ergeben **33**, das Lebensalter von Jesus.<br>Bemerkung: Die Schlacht am Dornbühl oder Donnerbühl wird nachher (bei Justinger), zusammen mit einem Gefecht am Rehag als Ereignis geschildert, das in der Schlacht im Jammertal gipfelte und mit dem Jahr 1298 verbunden.<br>Auf die Berner Geschichte scheint auch die Jahrzahl 1260 (erste Erhebung der Waldstätte) bezogen zu sein:<br>**1260** = 1191 (Gründungsjahr Berns) nach 69 AD (Helvetier-Aufstand) | | | |

## Das Luzerner Christus-Chronogramm

| Jahrzahl | Ereignis | Bemerkungen | Querzahl |
|---|---|---|---|
| 333 AD | Geburt von Basilius dem Grossen | 666 Jahre nach dem Sieg Alexanders des Grossen bei Issus | Querzahl: **9** |
| 833 | Gründung der Propstei und des Klosters Luzern durch den Mönch Witthard | 500 Jahre nach der Geburt von Basilius dem Grossen | Querzahl: **14** |
| 1333 | Schweres Gewitter über der Stadt Luzern und am Peter und Paul-Tag eine vereitelte Mordnacht. | 500 Jahre nach Witthards Gründung, 1000 Jahre nach der Geburt von Basilius dem Grossen | Querzahl: **10** |
| Die Querzahlen 9, 14 und 10 ergeben zusammen **33**, das Lebensalter von Jesus. | | | |

## Das Christus-Chronogramm Alarich - Hildebrand

| 410 | Eroberung Roms durch den Gotenkönig Alarich, eine Parallelität zu Hildebrand | | Querzahl: **5** |
|---|---|---|---|
| 743 | Rückeroberung Konstantinopels durch Konstantin V. | 333 Jahre nach der Eroberung Roms durch Alarich | Querzahl: **14** |
| 1076 | 1) Hildebrand (Gregor VII.) entfesselt den Investiturstreit gegen den Kaiser.<br>2) Hildebrand ist einige Monate in Rüeggisberg in der Verbannung. | 666 Jahre nach der Eroberung Roms durch Alarich | Querzahl: **14** |
| Die Summe der drei Querzahlen ergibt **33**, das Lebensalter von Jesus. | | | |

## Das Christus-Chronogramm Murten – Waadt

| 1076 | Aufenthalt von Hildebrand – Gregor VII. in Rüeggisberg | 666 Jahre nach der Eroberung von Rom durch Alarich | |
|------|------|------|------|
| 1476 | Schlacht bei Murten | 400 Jahre nach dem Aufenthalt von Hildebrand in Rüeggisberg. | Querzahl: 18 |
| 1536 | Eroberung der Waadt durch die Berner | 60, Jahre nach Murten, 450 (30 x 15) Jahre nach dem Tod von Hildebrand – Gregor VII. | Querzahl: 15 |

Die Summe der beiden Querzahlen 18 + 15 ergibt **33**, das Lebensalter von Jesus.

## Das Christus-Chronogramm der beiden Eroberungen Roms 1494 und 1527

| 828 (oder 829 AD) | Die Urschweizer befreien auf Geheiß des Kaisers Rom von den Sarazenen. | 450 Jahre nach dem Tod von Basilius dem Grossen 378 AD | Querzahl: 18 |
|------|------|------|------|
| 1494 | König Karl VIII. von Frankreich erobert Rom mit Hilfe eines eidgenössischen Heeres. | 666 Jahre nach dem Zug der helvetischen Eidgenossen nach Italien 828 AD | Querzahl: **18** |
| 1527 | Ein Heer von Kaiser Karl V. erobert unter dem Söldnerführer Georg von Frundsberg Rom (*Sacco di Roma*). | 360 Jahre nach der Eroberung Roms durch Friedrich Barbarossa, 1167 | Querzahl: **15** |

Die Summe der beiden Querzahlen 18 und 15 ergibt **33**, das Lebensalter von Jesus, ebenfalls das Intervall 1494 – 1527 = **33**.

## Die Parallelen zwischen der Befreiungsgeschichte Berns und der Waldstätte

| Bern | Waldstätte |
|---|---|
| Die Waadt mit Bern ist der **Wald-Gau**. | Die Gegend um den Vierwaldstättersee ist ein **Wald-Gau**. |
| Durch **Friedrich II. von Hohenstaufen** wird **Bern reichsunmittelbar** (1233). | Durch **Friedrich II. von Hohenstaufen** werden die **Waldstätte reichsunmittelbar** (1240). |
| Bern schließt mit westlichen Orten (Freiburg, Payerne) eine **Burgundische Eidgenossenschaft** (1243 ff.). | Die Waldstätte schließen eine **Schwyzer Eidgenossenschaft** (1260, 1307/08 oder 1314/15). |
| **Die Berner unterstützen Rudolf von Habsburg bei der Belagerung von Murten**, retten den Herrscher aus Not (1283). | **Die Schwyzer unterstützen Rudolf von Habsburg bei der Belagerung von Besançon,** retten den Herrscher aus Not (1289). |
| **1291:** Bern erringt durch seinen **Sieg in der Schlacht am Dornbühl** (Donnerbühl) gegen Albrecht von Habsburg seine endgültige Freiheit.. | **1291:** Kaiser Rudolf von Habsburg bestätigt den Schwyzern zu Baden im Aargau ihre Privilegien. |
| Berns Feinde sind die **Habsburger.** Sie bedrängen und belagern die Stadt mehrere Male. | Feinde der Waldstätte sind die **Habsburger.** Sie bedrängen die Orte mehrere Male. |
| Grund der Habsburger Intervention: Vertreibung der Juden = JUDICES = **Richter** aus Bern | Grund der Habsburger Intervention: Die Waldstätte lehnen in ihrem Gebiet fremde **Richter** ab. |
| Unter den Feinden Berns befindet sich ein Graf von **Strassberg.** | Unter den Feinden der Waldstätte befindet sich ein Graf von **Strassberg.** |
| Bern erringt durch den **Sieg** über die Habsburger Feinde in der Schlacht am Dornbühl, Rehag oder im **Jammertal** (1298, vorheriges Datum: 1291) seine endgültige Freiheit. | Die Waldstätte erringen durch den **Sieg** über die Habsburger Feinde unter Herzog Leopold in der Schlacht am **Morgarten** (1315) ihre endgültige Freiheit. |
| | . |

| | |
|---|---|
| **JAMMER-Tal** = J + MR<br>J = *ir* = hebräisch *Stadt*<br>MR > RM = ROMA<br>**„Stadt Rom"** | **MOR-Garten** = MR > RM<br>= ROMA; Garten = *curtim, curtis*, Hof,<br>Königsstadt<br>**„Stadt Rom"** |
| **Burgenbruch**<br>Bern bricht während seines Befreiungs-kampfs die Burgen in seiner Umgebung. | **Burgenbruch**<br>Die Waldleute brechen während ihres Befreiungskampfs die Burgen in ihrem Gebiet. |
| **Meisterschütze**<br>Die Berner haben einen guten Armbrustschützen namens **Ryffli (Vifli)**. Dieser tötet Jordan von Burgistein, einen Anhänger der **Habsburger.** | **Meisterschütze**<br>Die Waldstätte haben einen guten Armbrustschützen namens **Wilhelm Tell**. Dieser tötet Gessler (Gryssler) einen Vogt der **Habsburger.** |
| Chronist: **Justinger** | Chronik: *Weißes Buch von Sarnen*, das auf **Justinger** fußt. |

**Verdoppelungen der Befreiungslegenden in den Geschichten von Laupen und Sempach**

| Laupen 1339 | Sempach 1386 |
|---|---|
| Laupen ist ein Neapel. | Sempach ist ein Neapel. |
| Die Kleinstadt wird belagert und entsetzt. | Die Kleinstadt wird belagert und entsetzt. |
| Die Berner siegen in der Schlacht bei Laupen mit eidgenössischer Hilfe. | Die Luzerner siegen in der Schlacht bei Sempach mit eidgenössischer Hilfe. |
| (Ein Winkelried kommt auf österreichischer Seite in der Berner Befreiungsgeschichte gegen die Habsburger vor.) | Ein Arnold von Winkelried rettet die Schlacht von Sempach für die Eidgenossen. |
| Im Zusammenhang mit der Schlacht werden viele Städtchen und Burgen zerstört. | Im Zusammenhang mit der Schlacht werden viele Städtchen und Burgen zerstört. |

## Vergleich der wichtigsten Jahrzahlen der eidgenössischen Gründungslegende bei Stumpf, Schweizer und Tschudi

| Stumpf | Schweizer | Tschudi |
|---|---|---|
| **1260** | **1260** | **(1260)** |
| Beginn des Befreiungs-kampfs der Waldstätte | Beginn des Befreiungs-kampfs der Waldstätte | (Der Beginn des Befrei-ungskampfs der Wald-stätte wird nur in einer Anmerkung erwähnt) |
| **1291** | **1291** | **1291** |
| Befreiungsschlacht Berns am Donnerbühl (Dorn-bühl) | Befreiungsschlacht Berns am Donnerbühl (Dorn-bühl) | (Der Tschudi-Kreis berei-tet das urkundliche Grün-dungsdatum 1291 vor.) |
| Rudolf von Habsburg be-stätigt den Schwyzern ihre Privilegien | Rudolf von Habsburg be-stätigt den Schwyzern ihre Privilegien | Die Waldstätte lehnen sich gegen den neuen Herrscher, Albrecht von Habsburg auf. |
| **1298** | **1298** | **1298** |
| | | Befreiungsschlacht Berns am Donnerbühl (Dorn-bühl) |
| | | Das Datum existiert auch bei Haffner und Grasser. |
| | **1307/08** | **1307/08** |
| | Gründung des Bundes der Waldstätte | Gründung des Bundes der Waldstätte |
| **1314** | | |
| Gründung des Bundes der Waldstätte (ebenfalls bei Grasser) | | |
| **1315** | **1315** | **1315** |
| Befreiungsschlacht der Waldstätte am Morgarten | Befreiungsschlacht der Waldstätte am Morgarten | Befreiungsschlacht der Waldstätte am Morgarten |

# Kommentare zu den Abbildungen

## Abbildung 1: Der ewige Bund

Der Künstler Paul Boesch gestaltete in den 1940er Jahren Briefmarken und Buchillustrationen. Die Bilder für *Hie Eidgenossenschaft* sind seine besten Arbeiten.

In *Die alten Eidgenossen* wird neben einer Briefmarke von 1941 ein weiteres Bild aus dem gleichen Büchlein von 1941 gezeigt, nämlich die Schlacht am Morgarten.

Boesch verwertete für seine Holzschnitte geschickt Anleihen aus alten Illustrationen und verband sie mit der Sachlichkeit und Schlichtheit der 1930er Jahre.

## Abbildung 2: Medaillons mit den Porträts von Vespasianus und Titus

Man darf annehmen, daß diese Bilder nach dem Vorbild römischer Münzen gemacht wurden.

Vespasianus und Titus bildeten ursprünglich eine einzige Herrschergestalt. Wenig später wurde diese in zwei Personen aufgeteilt, als Vater und Sohn. Doch die identischen Gesichtszüge blieben: Vespasianus Titus oder Titus Vespasianus.

Die vorliegenden Porträts folgen der ikonographischen Matrix.

## Abbildung 3: Medaillon mit dem Porträt von Karl dem Kühnen

Das Seiten-Porträt des Herzogs mit der antikisierenden Stirnbinde, dem Herrscherstab und den markanten Gesichtszügen soll offenbar Entschlossenheit, aber auch Grausamkeit ausdrücken.

In der Stumpf-Chronik wird neben diesem Porträt auch das Grabmal des Burgunder-Herzogs gezeigt. - Das beweist die besondere Wertschätzung oder Achtung der Chronisten vor dieser Sagengestalt.

## Abbildung 4: Tells Apfelschuß

Das bis dahin unbekannte, reizvolle Bild aus einem alten Manuskript zeigt eine typisierte Darstellung von Tells Apfelschuß, wie es in der Zeit der Geschichtsschöpfung im späten 18. Jahrhundert die Regel war.

## Abbildung 1: Der ewige Bund von 1291

Illustration von Paul Boesch aus: *Hie Eidgenossenschaft*, Bern 1941, 15

### DER EWIGE BUND                                   1291

Am Anfang jeder grossen Leistung steht der Entschluss. Drei Länder, von schlichter und eigenständiger Art, aber doch dem Strom des grossen Geschehens nahe, weil die bedeutendste Verbindung von Nord und Süd, der Gotthard, ihrer Hut anvertraut ist, entschliessen sich, ihr künftiges Schicksal stark in eigene Hände zu nehmen und seine künftige Gestaltung selber zu bestimmen. Sie treten zusammen, und mit feierlichem Eide beschwören sie, dass ihre Verbundenheit ewig gelten und vor jedem näheren und geringeren Vorteil stehen solle. Zu Anfang August 1291 wird der Bund verbrieft und besiegelt. Er soll gelten „inner- und ausserhalb der Talschaften" und soll erhärtet werden „mit aller Macht und Kraft gegen all und jeden, der mit Gewalttat, Schimpf oder Unbill sie bedroht". Am 9. Dez. 1315, nach der ersten gemeinsamen Bewährung, wird das Bündnis erneut, weil menschliches Erinnern „blöde und zergänglich" ist.

**Abbildung 2: Kolorierte Medaillons mit den Porträts von Vespasian (oben) und Titus (unten) aus der kleinen Schweizer Chronik von Johannes Stumpf**

Abbildung aus dem Exemplar der Kantons- und Universitätsbibliothek Freiburg

72 | Vefpaſianus (Sa bini des Römiſchen Heluetiers ſü)ward der 10. Keiſer. Regie ret tugentlich 10. jar/ ſtarb 69. järig.

Poztius Septimi= us was Römiſcher Landpflåger über die Rhetiſch Prouintz.

Buch. XXVII

Vefpaſianus thet vier ſtreyt mit den Germaniern/verloz groß volck/vñ be= zwang ſy doch nie.

Suto was diſer zeyt ein Künig der Schwaben.

Titus Vefpaſiani ſun/der 11. Keiſer/ re= giert tugétreych 2. jar etlich Monat / ſtarb am fieber/41.järig.

A. Ceciña ward võ Tito vmbbzacht von wegen heimlicher aufrüriſcher pzactic.

Anacletus d 3. Römiſch Biſchoff ſaß bey 12. jaren.

82

**Abbildung 3: Karl der Kühne von Burgund in einer kolorierten Abbildung aus der kleinen Schweizer Chronik von Johannes Stumpf**

Abbildung aus dem Exemplar der Kantons- und Universitätsbibliothek Freiburg.

# Werke des Autors

**Vorbemerkung:**
Alle genannten Titel sind 2019 im Verlag Books on Demand, Norderstedt neu herausgekommen.
Auf der Webseite des Autors (www.dillum.ch) können die aktuell gültigen ISBN-Nummern der Bücher abgerufen werden.

**Beiträge zur Freiburger Historiographie des 18. und 19. Jahrhunderts**
Guillimann – Alt – Berchtold – Daguet.
112 Seiten mit 5 Abbildungen
Norderstedt 2019

**Die alten Eidgenossen**
Die Entstehung der Schwyzer Eidgenossenschaft im Lichte der Geschichtskritik und die Rolle Berns
360 Seiten mit 24 Abbildungen und 7 Tabellen
Norderstedt 2019

**Die Matrix der alten Geschichte**
Eine Einführung in die Geschichts- und Chronologiekritik.
536 Seiten mit 35 Abbildungen mit 18 Tabellen
Norderstedt 2019

**Die Ortsnamen der Schweiz**
Mit einer Einführung in die vesuvianische Namensprägung Europas.
316 Seiten mit  8 Abbildungen
Norderstedt 2019

**Die Ursprünge Berns**
Eine historische Heimatkunde Berns und des Bernbiets. Mit besonderer Berücksichtigung der Burgen und mit einem autobiographischen Anhang.
376 Seiten mit 104 Abbildungen und 2 Tabellen
Norderstedt 2019

**Johann Rudolf Wyß der Jüngere**
**Der Abend zu Geristein und Der Ritter von Ägerten**
Zwei Dichtungen, neu herausgegeben, eingeleitet und illustriert von Christoph Pfister. Im Anhang: Die Sage von der Teufelsküche im Grauholz
60 Seiten mit 13 Abbildungen
Norderstedt 2019

## Abbildung 4: Tells Apfelschuß

Illustration aus einem Manuskript der Sammlung Carl Meyer, Dietikon

·